La Comtesse Du Barry

SA VIE AMOUREUSE
LE GAZETIER CUIRASSÉ. — GRIMM
BACHAUMONT. — LES CHANSONS. — LES ÉPIGRAMMES
LES ACTES OFFICIELS
SES TROIS AMOUREUX. — LOUIS XV. — LORD SEYMOUR
LE DUC DE BRISSAC
LE TRIBUNAL RÉVOLUTIONNAIRE. — LA GUILLOTINE
PORTRAITS AUTHENTIQUES

LES MAITRESSES DU ROI
PAR PAUL DE SAINT-VICTOR

HISTOIRE DE MADAME DU BARRY
PAR ARSÈNE HOUSSAYE

PARIS
LIBRAIRIE A ESTAMPES
182, BOULEVARD HAUSSMANN

—

1878

La Comtesse

Du Barry

Ce livre a été tiré à 5oo exemplaires numérotés, sur papier teinte.......................... 6 »

25 papier de Hollande, avec gravure avant la lettre........................... 15 »

25 papier de Chine, avec gravure sur papier de Chine volant.................. .... 25 »

PARIS. — ALCAN-LÉVY, IMPRIMEUR BREVETÉ
61, rue de Lafayette.

MADAME LA COMTESSE DU BARRY

INTRODUCTION

Les Maîtresses de Louis XV

LA femme seule explique le règne efféminé de Louis XV. Ses maîtresses ont de droit leurs entrées dans la grande histoire, car la loi salique est abolie de fait sous son règne et le sceptre tombe en éventail.

Louis XV fut longtemps un adolescent timide, ombrageux, et même *un peu farouche,* comme l'Hippolyte de Racine. On le voit, dans les Mémoires du maréchal de Villars, « détournant ses jeunes et beaux regards » des yeux ardents qui épiaient le premier éclair de sa puberté. Imaginez ce que devait être cette cour de Versailles organisée en une immense *Tentation de saint Antoine* autour du jeune roi! Un harem demi-nu guettant le réveil du maître n'en donnerait qu'une bien faible idée, car les grandes dames du dix-huitième siècle étaient des odalisques libres, nobles, spirituelles. Elles offraient, mais elles pouvaient refuser ; elles se rendaient, elles pouvaient combattre : mélange enchanteur d'esclaves et de déesses! L'air de Versailles brûlait et embaumait. Son parc présentait l'image du jardin d'Armide attendant Renaud. Ce n'étaient qu'assauts de beautés, flatteries exquises, toilettes effrénées, soupirs qui sentaient l'encens, agaceries idolâtres de nymphes lutinant un dieu. Le roi passait, et les femmes se groupaient au-devant du passage royal comme les *Baigneuses* du Corrége devant le sillage du cygne de Léda ; et la poudre neigeait, pareille à cette blanche nuée qui tombe sur l'Ida pour voiler les amours célestes! Cependant Louis XV ne jetait pas son mouchoir, il resta longtemps fidèle à la reine. L'amour dans le mariage fut le prélude de ce règne qui devait finir dans les souillures du sérail. Mais Marie Leczinska, avec ses vertus bourgeoises et sa froideur dévote, n'était pas de force à lutter contre cette conspiration voluptueuse; et, un soir de l'année 1737, le roi, soupant à la Muette, buvait à la santé de l'*inconnue* et cassait son verre après avoir bu.

Cette inconnue, bientôt dévoilée, était madame de Mailly. Comme Louis XIV, Louis XV débuta par le pur amour. Madame de Mailly fut une la Vallière du dix-huitième siècle, plus hardie, plus provocante, mais avec le même cœur généreux et tendre. Elle aimait le roi sincèrement, elle l'eût aimé sans couronne. Grande dame jusqu'au bout des ongles, elle ne trempa jamais ses mains dans des tripotages d'argent ou d'intrigues. L'amour royal la ruina au lieu de l'enrichir. Elle était entrée pauvre dans le lit de Louis XV, elle en sortit presque misérable. Cette charge de favorite, qui devint plus tard la plus vénale de toutes les fonctions de la monarchie, ne fut chez elle qu'une passion. Elle aimait avec la ferveur de l'adoration et les transports de la jalousie. Madame de

Mailly n'était plus jeune, elle n'avait jamais été belle. Que de motifs d'inquiétude et de tremblement! l'effroi se mêlant à la volupté et lui communiquant une dévorante énergie! Ajoutez à cette défiance d'elle-même le libertinage du roi qui s'éveille, les excitations et les persiflages d'une camarilla de proxénètes le poussant aux maîtresses nouvelles. Sa faveur dura pourtant six années. Le roi était déjà cet homme ou plutôt cet *animal* d'habitude dont la maréchale de Mirepoix dira plus tard à madame de Pompadour : « C'est votre escalier que le roi
« aime, il est habitué à le monter et à le descendre ; mais s'il trouvait une autre femme à
« qui il parlerait de sa chasse et de ses affaires, cela lui serait égal au bout de trois
« jours. »

Mais madame de Mailly avait une sœur qui aurait mérité de prendre place parmi les femmes d'État de la galanterie. Du fond d'un couvent, Félicité de Nesle rêvait de détrôner sa sœur et de régner à sa place. Madame de Mailly l'appelle à Versailles. Que pouvait-elle craindre de cette pensionnaire presque laide, sans grâce, sans allure, faite pour les rôles de soubrette et de confidente? Mais dans cette tête ingrate et dans ce corps mal tourné logeait un démon d'esprit capable de mener une cour et de bouleverser un empire. A peine entrée à Versailles, l'enfant entraînait Louis XV dans un tourbillon d'amusements. Elle secouait son apathie, elle relançait sa paresse ; elle tirait, pour ainsi dire, les nerfs de ce jeune roi fainéant, et leur imprimait les secousses et les frémissements de sa vie. Quelques mois après, le roi la mariait *in partibus* au comte de Vintimille, un de ces courtisans toujours prêts à servir de paravent aux amours du maître, et la comtesse prenait la place de sa sœur réduite à l'emploi de doublure.

Ce fut une honte, mais ce fut aussi un martyre. Qu'on se figure l'humiliation de madame de Mailly, complice et victime de cet inceste outrageant. Mademoiselle de la Vallière avait connu cette torture. — « Quand j'aurai de la
« peine aux carmélites, — disait-elle, — je me
« souviendrai de ce que ces gens là (le roi et
« madame de Montespan) m'ont fait souffrir. »

Mais, du moins, madame de Montespan n'était pas une sœur.

Madame de Mailly se résigna à ce triste rôle, acceptant d'être tolérée là où elle avait commandé, recueillant avec une humilité passionnée les restes d'amour que sa rivale permettait au roi de lui jeter çà et là. La mort vint mettre un sursis à ce lent supplice. Quelques mois après, une fièvre miliaire emportait la comtesse de Vintimille avec la violence d'un empoisonnement. Ces morts précoces de maîtresses éclatent fréquemment dans les cours de l'ancien régime. On en accuse le poison, on pourrait les attribuer à la vie étouffante que menaient ces femmes, toujours suspendues entre la disgrâce et l'apothéose. Quelles santés de fer et d'acier n'aurait usées cette surexcitation perpétuelle? Quels corps n'auraient tués sous elles ces âmes effrénées?

A la comtesse de Vintimille succéda madame de la Tournelle, bientôt duchesse de Châteauroux, la troisième sœur! Cette famille de Nesle semblait avoir jeté un *sort* à Louis XV. Le roman historique a poétisé la duchesse de Châ-

teauroux ; il en a fait une héroïne de l'amour, une *dame* du temps de la chevalerie. L'histoire efface le vernis de ce portrait romanesque ; elle fait reparaître la sécheresse de ses lignes et la méchanceté de son expression. La duchesse de Châteauroux était une femme du caractère volcanique et noir des Fulvie et des Julie de Tacite : violente à tout briser, vindicative à outrance, incapable d'autres passions que celles de l'orgueil et de l'ambition. Elle capitule avant de se rendre ; il lui faut une maison montée, un crédit ouvert sur le trésor royal, un titre de duchesse et l'expulsion de sa sœur. Madame de Mailly part pour Paris avec un désespoir qui arrache des larmes à Louis XV, et la duchesse écrit à Richelieu : — « Sûre-
« ment Meuse vous aura mandé la peine que
« j'ai eue à faire déguerpir madame de Mailly.
« Enfin j'ai obtenu qu'on lui mandât de ne
« point revenir que quand on lui manderoit.
« Vous croyez peut-être que c'est une affaire
« finie. Point du tout ; c'est qu'il (le roi) est
« outré de douleur et qu'il ne m'écrit pas une
« lettre qu'il ne m'en parle, et qu'il me de-

« mande de la faire revenir, et qu'il ne l'ap-
« prochera pas, mais qu'il me demande de la
« voir quelquefois... Comme il me convien-
« droit fort peu qu'elle fût ici, je compte tenir
« bon. » — Voilà la femme peinte par elle-
même dans toute sa sèche nudité. On lui a fait
gloire d'avoir décidé Louis XV à commander
son armée dans la campagne de 1744; mais
Richelieu et madame de Tencin lui soufflaient
ce rôle d'Agnès Sorel derrière la coulisse, et
elle ne le joua qu'au profit de sa vanité. Il y
parut au train théâtral qu'elle déploya pour
aller rejoindre le roi, à l'ostentation scandaleuse qu'elle mit à le suivre d'étape en étape, à
l'acharnement avec lequel elle se cramponna,
à Metz, au lit de son amant moribond, obsé-
dant son agonie, accaparant son chevet, défen-
dant contre les princes et l'Église son droit de
concubinage. C'était Vénus *Libitine*, la Vénus
des Funérailles, attachée à sa proie.

L'Église l'emporte, elle arrache à Louis XV
le renvoi de sa maîtresse. Madame de Châ-
eauroux, poursuivie par les huées, reprend
en fugitive cette route de Paris qu'elle venait

de parcourir en triomphe. D'auberge en auberge, elle écrivit à Richelieu des lettres qui font frémir ; c'est le sang-froid de la rage. Pas une lueur de tendresse, pas une larme pour le roi qu'elle a quitté en pleine agonie ; rien que des éclairs de fureur, des calculs de haine, des plans et des combinaisons d'avenir : —
« Je crois bien que tant que la teste du roy
« sera foible, il sera dans la grande dévotion ;
« mais dès qu'il sera un peu remis, je parie que
« je lui troterai furieusement dans la teste, et
« qu'à la fin il ne pourra pas résister, et qu'il
« parlera de moy, et que tout doucement il
« demandera à Lebel ou à Bachelier ce que je
« suis devenue. Il faut souffrir avec patience
« tous les tourments que l'on voudra me faire.
« Si il en revient, je l'en toucherai davantage,
« et il sera plus obligé à une réparation publi-
« que. Si il en meurt, je ne suis pas pour
« faire des bassesses... Mais si il en revient,
« que cela sera joli ! Si nous nous tirons de
« ceci, vous conviendrez que notre étoile nous
« conduira bien loin. » — Le roi guéri, c'est moins l'espoir qui la reprend qu'une âcre soif

de vengeance : — « Je vous dis que nous nous
« en tirerons, et j'en suis persuadée, ce sera
« un bien joli moment. Je voudrois déjà y être,
« vous le croirez sans peine... Il se prépare de
« beaux coups pour nous. Nous avons eu de
« rudes moments à passer; mais ils le sont..
« Adieu, cher oncle, portez-vous bien. Pour moi,
« je vais songer à me faire une santé de croche-
« teur pour faire enrager nos ennemis le plus
« longtemps que je pourrai, et avoir le temps
« de les perdre. » — Mettez cette femme dans
une cour d'Orient, et des têtes fraîchement
coupées auraient garni les créneaux du palais,
le jour de sa rentrée. Il lui fallut du moins ces
décapitations morales qu'on appelait des disgrâces. Rappelée par le roi, elle réclame, avant
de revenir, l'exil de quatre des plus grands
seigneurs du royaume ; elle veut que son ennemi, Maurepas, le premier ministre, vienne
en ambassade lui signifier son rappel ; elle le
reçoit du haut de ce lit qui était un trône ; elle
jouit de son humiliation, elle savoure sa vengeance, elle se prépare à faire dans Versailles
une rentrée de reine... Le lendemain, le délire

la prend, et elle meurt. Elle meurt, non du poison, comme on l'a dit, mais du paroxysme de ses passions, de la fermentation de ses haines, de la congestion de l'orgueil, de ses nerfs tendus à éclater par tant de secousses. — « Oui, « je meurs, — disait Joseph II avant d'expi- « rer, — et il faudrait que je fusse de pierre ou « de bois pour ne point mourir. » — Ainsi aurait pu dire, en mourant, ces frêles créatures surmenées et brisées par des passions frénétiques.

La duchesse de Châteauroux expira entre les bras de la sœur qu'elle avait si cruellement outragée. Madame de Mailly reçut son dernier soupir. Quelle touchante figure que celle de cette Cendrillon de l'amour! Elle mourut sept ans après sous le cilice de la pénitence. Il y a un mot d'elle que je voudrais voir écrit sur une de ces banderoles que déploient les Anges, dans les tableaux des vieux maîtres. Entrant à Saint-Roch, au milieu d'un sermon, elle dérangeait quelques personnes en cherchant sa place. Une voix brutale s'écrie: « Voilà bien du bruit pour une p..... » Madame de Mailly se retourne, et elle répond : « Puisque vous la « connaissez, priez pour elle. »

A madame de Châteauroux succède madame de Pompadour, la vraie reine de cette dynastie interlope, et qui a eu la gloire de donner son nom à toute une partie de son siècle.

Pompadour ! ce nom seul, ce nom galant et sonore n'évoque-t-il pas, comme un signal d'enchanteur, le monde *rococo* dont elle fut la créatrice et la reine ? Cette délicieuse Capoue de l'art où la forme se contourne, où la couleur s'amollit, où les lignes s'enlacent et s'assouplissent pour enivrer le goût et troubler les yeux, elle est partout où cet art charmant a laissé sa trace ; elle multiplie son souvenir par ses mille brimborions et ses mille trésors. Les tableaux, les camaïeux, les groupes, les vases, les meubles rares et exquis qu'elle a inspirés, semblent lui avoir tous appartenus, tant ils témoignent de sa vive influence. On cherche son empreinte sur les grands lits à bouquets de plumes et à dossiers ronds où se becquètent les colombes ; on invoque sa gracieuse image dans les glaces à trumeaux festonnés de roses, on touche avec respect ces théières dont le couvercle est un fruit, ces tasses diaphanes dont l'anse est la tige d'une fleur. Qui sait? les lèvres de madame de Pompadour ont peut-être passé par là !

C'est là la gloire de l'aimable marquise. Elle était artiste jusqu'au bout des ongles. Une étincelle de feu sacré s'était logée dans ce joli corps. Quand on songe à sa lourde tâche, celle d'amuser le roi le plus inamusable du monde, on est étonné du temps qu'elle sut réserver aux choses de l'esprit. Elle effleurait tous les arts légèrement, délicatement, comme avec une trompe d'abeille ou une aile d'oiseau. Elle aimait les lettres, et Voltaire, apprenant sa mort, put s'écrier : « Elle était des nôtres ! » Si le roi l'avait permis, elle aurait présidé à Versailles un Décaméron de poëtes et de philosophes. Elle avait la passion des livres, au point d'imprimer elle-même de ses blanches mains une tragédie de Corneille, *Rodogune*. Les bibliophiles se disputent aujourd'hui avec des jalousies d'amoureux les volumes reliés à ses armes. On les reconnaît, comme à des grains de beauté, aux trois tours d'or gravées sur leur plat. Elle jouait la comédie comme un ange ; elle fut l'âme de ce *Spectacle des petits cabinets* qui avait pour comédiens des ducs et pairs, et pour souffleur un abbé de cour. C'était un charme de l'entendre gazouiller de sa voix flûtée les couplets de Colette dans *le Devin du village* :

> *Ah ! l'amour ne sait guère*
> *Ce qu'il permet, ce qu'il défend.*
> *C'est un enfant ! c'est un enfant !*

Si elle aimait les lettres, elle adorait les arts. Elle fut la Médicis au petit pied de Boucher et des trois Van Loo. Les graveurs la comptaient dans leur confrérie. Elle taillait sur pierres fines de petites Allégories mythologiques et galantes qui ne dépareraient pas un écrin romain ; elle signait fièrement ces rares morceaux, si recherchés aujourd'hui, *Pompadour sculpsit*. Vous diriez la griffe de Vénus sur des camées érotiques. Les Chinois ont une déesse de la porcelaine ; si nous avions une mythologie, madame de Pompadour serait la divinité du Vieux Sèvres. Ce fut elle qui fonda cette officine de fragiles merveilles. Que de belles maisons elle a bâties dans le style des fées ! Choisy, Bellevue, l'Hermitage : palais d'Armide, château en Eldorado, disparus avec l'enchanteresse qui, d'un coup de sa baguette, les avait construits !

Ce ne fut ni une sultane ni une courtisane, ce fut une *maîtresse*, dans le sens le plus élevé du mot. Elle était « froide comme une ma-
« creuse », ainsi qu'elle l'avouait à madame du Hausset, sa femme de chambre, qui nous a laissé de si curieux et si niais mémoires. — C'est à cette même dame du Hausset qu'elle disait avec un mépris naïf : « Le roi et moi
« comptons si fort sur vous, que nous vous re-
« gardons comme un chien, un chat, et nous
« allons notre train pour causer. » Et la bonne femme métamorphosée en chatte fait le gros dos sous ce compliment. — Ce n'est donc point avec des philtres de sérail que madame de Pompadour ensorcela son amant ; elle enchaînait le roi avec des liens d'autant plus forts qu'ils n'étaient pas de chair et de sang, mais

d'ascendant et d'esprit. Elle tenait sa cour comme une femme supérieure tient son salon ; elle la remplissait d'imprévu et d'animation ; elle variait par de joyeux intermèdes son cérémonial monotone. Louis XV, quand il la prit pour maîtresse, était déjà dans un état d'amollissement incurable : aucun ressort ne jouait plus dans son inerte nature. Il assistait au spectacle de son règne sans pouvoir même s'y intéresser. Les sens seuls survivaient en lui à cette mort de l'âme ; l'action du charme, l'influence de l'habitude pouvaient seules obtenir de lui un semblant de volonté et d'initiative. Il fallait une femme pour remplir le vide de cette morne idole qui ne régnait qu'en effigie. Or, cette situation étant donnée et ce règne fatalement voué au favoritisme, on doit peut-être remercier le hasard d'avoir fait tomber sur madame de Pompadour le choix de Louis XV. Je sais tout ce qu'on peut reprocher à sa politique : des alliances maladroites, des guerres désastreuses, les caprices du sexe et des nerfs embrouillant les questions d'État. Mais, tout compte fait, le ministère du duc de Choiseul, qui fut celui de la favorite, est encore la seule partie supportable du règne de Louis XV, la seule où les revers aient eu leurs revanches et les désastres leurs compensations. Le siècle lui dut vingt ans de dignité relative ; elle arrêta sa décomposition et la changea en brillante et ingénieuse décadence. A la cour même, sa présence suspend et intimide le scandale. La maîtresse décente se tenait d'un air royal devant le sérail, elle cachait sous les grands plis de sa robe ses honteux désordres. Vénus voilée, elle occupait le centre du sanctuaire ; elle attirait sur elle les regards et empêchait de voir les petites nymphes obscènes auxquelles le maître sacrifiait dans les recoins de son temple.

Ces favorites de l'ancienne cour sont plus à plaindre qu'à décrier. Quel poids à porter que celui d'un ennui royal ! Quel accablant tête-à-tête que celui d'une idole blasée, rassasiée, qui mange l'encens en grains au lieu de l'avaler en fumée ! Ajoutez à cet esclavage les rivalités aux aguets, la délation aux écoutes, les intrigues d'antichambre, les complots de camarillas et les trappes de la disgrâce béantes à chaque pas. Mademoiselle de la Vallière se délasse avec délices, dans sa froide cellule de carmélite, des voluptés de Versailles. Madame de Montespan trouve doux auprès de ces chaînes les cilices d'ascète que son confesseur lui inflige. Madame de Maintenon sèche d'ennui dans sa niche de damas rouge, comme une cariatide accroupie dans un angle, qui porte obscurément le poids de tous les lambris d'un palais. Madame de Pompadour passe sa vie dans l'attitude de Shéhérazade assise au bord du lit où le calife dort, le sabre au côté. Comme la tête de la sultane, sa faveur dépend d'un caprice du maître, du conte ennuyeux ou gai qu'elle va lui conter. Et que se passe-t-il dans les mille et une nuits du harem dont elle est exclue? Qui sait si un firman griffonné par une grisette ne va pas demain l'exiler au fond d'une province? — Un soir, madame de Coaslin lui dit : *Va tout !* à une table de jeu d'un air insolent ; elle se croit perdue. Et comme madame du Hausset lui rappelle, pour la rassurer, les bonnes paroles que le matin même

lui avait adressées le roi : « Vous ne le connais-
« sez pas, ma bonne. S'il devoit la mettre ce
« soir dans mon appartement, il la traiteroit
« froidement devant le monde, et me traite-
« roit avec la plus grande amitié. »

Elle mourut à la peine ; ses nerfs se brisè-
rent ; une langueur la prit et l'emporta en vingt
jours. Elle fut plus que douce, elle fut stoïque
envers la mort. Ces petites femmes philosophes
du dix-huitième siècle savaient mourir, si elles
vivaient mal. A la place de madame du Barry,
je m'imagine que madame de Pompadour
n'aurait pas demandé grâce à « monsieur le
bourreau. » Il me semble la voir sur la charette
funéraire. De quel air de reine elle aurait mar-
ché au supplice ! Avec quelle grâce elle aurait
penché sa tête poudrée sur la corbeille de la
guillotine ! Son âme s'envola sur les ailes
d'une triste saillie : — « Attendez, monsieur le
« curé, — dit-elle au prêtre qui quittait sa
« chambre, — attendez un peu, nous nous en
« irons ensemble. » — Ce fut le chant de ce
joli cygne. Ainsi, on peut dire qu'en expirant
elle rendit son dernier sourire.

Pendant le règne de madame de Pompadour défile, par les escaliers et les appartements secrets de Versailles, toute une armée de maîtresses obscures, éphémères, presque anonymes ; essaim de harem si nombreux, si confus, que l'histoire n'a pu même le numéroter. Il en est une cependant qui s'en détache par un air de tête plus fier et plus noble. « Elle dé-
« passait toutes les autres femmes, comme on
« le dit de Calypso, » a écrit d'elle quelque part Sophie Arnould. C'est mademoiselle de Romans. Celle-là avait été destinée dès son enfance à l'amour royal, comme ces Circassiennes nées dans les montagnes où croissent, jusqu'à la saison nubile, les troupeaux voués au sérail. Elle eut du roi un bel enfant, qui fut plus tard l'abbé de Bourbon ; et ce fut un peu avant sa naissance que Louis XV écrivit à la mère ce curieux billet : « Versailles, ce 8 décembre 1761.
« — Je me suis très bien aperçu, ma grande,
« que vous aviez quelque chose dans la tête
« lors de votre départ d'ici, mais je ne pouvois
« deviner ce que ce pouvoit être au juste. Je
« ne veux point que notre enfant soit sous

« mon nom dans son extrait baptistaire, mais
« je ne veux point non plus que je ne puisse
« le reconnoître dans quelques années, si cela
« me plaît; je veux donc qu'il soit mis Louis
« Aimé ou Louise Aimée, fils ou fille de Louis
« le roi ou de Louis de Bourbon, comme vous
« voudrez. Je veux aussi que le parrain et la
« marraine soient des pauvres ou des domes-
« tiques, excluant tous autres. Je vous em-
« brasse bien tendrement, ma grande amie. »

C'était presque un engagement que ce billet mêlé de réserve royale et de tendresse paternelle. Aussi mademoiselle de Romans afficha-t-elle son enfant avec l'ostentation d'une reine présentant au peuple un petit dauphin. Tous les jours elle allait s'asseoir en habit de gala sous les marronniers des Tuileries, portant son glorieux poupon dans une corbeille noyée de dentelles. Telle une nymphe aimée de Jupiter, et allaitant l'enfant sacré dans un bosquet du mont Olympe, à deux pas du palais des dieux.
— Un jour que la foule affluait autour d'elle :
« Ah ! mesdames et messieurs, s'écria la mère
« effrayée, n'écrasez pas et laissez respirer l'en-

« fant du roi. » Bref, elle fit de sa maternité un si pompeux étalage, que Louis XV, ennuyé, lui enleva son fils et la renvoya dans sa province. — Ce n'est pas tout d'avoir péché, il faut encore être modeste.

Mais madame de Pompadour est la dernière maîtresse du roi digne de ce titre. Après elle, vient madame du Barry ; c'est la fin du monde. Est-ce du ruisseau que sortit cette Vénus populaire dont l'avénement éclaboussa tout Versailles ? On doute encore. L'origine des femmes de l'espèce de la du Barry se perd dans les ténèbres des mille et une nuits. Les plus belles, les plus exquises ont souvent traversé des mondes d'amours obscurs avant d'apparaître et de parvenir, comme ces diamants illustres qui, de la main du mendiant indien ou du nègre qui les déterre, passent par des milliers de trocs et d'achats subalternes avant d'arriver à la couronne des rois ou à l'aigrette des sultans. Quoi qu'il en soit, de madame de Pompadour à madame du Barry la chute fut profonde. On aura beau la parer, l'enjoliver, la farder, elle n'en reste pas moins une *fille* dans toute l'indécence du mot. Et c'est là, à vrai dire, son originalité dans l'histoire. Cette tache de boue va comme une mouche à sa joue profane.

Elle a tout de la fille de joie : l'effronterie, la folie, l'insouciance du lendemain, l'instinct du pillage et du gaspillage, cette bonté sensuelle qui rappelle celle des fruits et des breuvages, le don d'avilir et de ravaler tout ce qui l'approche. Elle encanaille la cour, elle fait Versailles à son image et le métamorphose en haut mauvais lieu. Ce n'est plus qu'une maison de plaisance en carnaval, où l'on soupe, où l'on se débraille, où résonnent les couplets grivois, où la comédie obscène dénoue sa ceinture, où la perruque du chancelier est livrée aux hannetons de Zamore, où le café de la France f..... le camp dans la cheminée. Au milieu de ce brouhaha licencieux, une grisette aux airs d'odalisque qui va, vient, joue, zézaye, babille, fait mille grimaces et mille simagrées, et jette l'argent du trésor par les fenêtres du palais, avec le plaisir animal de la guenon de la fable faisant des ricochets sur la mer avec des pistoles. On a voulu faire une femme politique de cette Frétillon : *Risum teneatis...* Dans quel recoin de ce frivole cervelet une idée sérieuse aurait-elle pu se nicher ? La du Barry fut la mouche cantharide du coche empêtré de l'État, mais une mouche liée à un fil dont ses meneurs tenaient le bout. Elle répète la leçon que M. de Maupeou lui siffle ; elle jongle avec les oranges — *Saute Choiseul ! saute Praslin !* — que M. d'Aiguillon lui met dans la main. L'impersonnalité est son caractère. Elle veut vivre, elle veut s'amuser et garder sa place ; elle détruit par mégarde, elle fait le mal sans savoir pourquoi : sa seule politique se réduit à l'instinct de la conservation personnelle. Elle n'est pas plus responsable du roi qu'elle dégrade et de la monarchie qu'elle achève, que la coupe n'est responsable de l'homme qu'elle enivre, et la flamme du palais qu'elle brûle.

Un sentiment sérieux purifia cependant cette vie licencieuse. Madame du Barry avait trente ans lorsqu'elle se prit à aimer. Louis XV était mort, son règne était fini ; elle vivait retirée dans son délicieux château de Luciennes, comme un bijou qui, après avoir brillé, rentre dans son écrin. L'âge, la désillusion, la retraite l'avaient attendrie. Elle aima donc, et passionnément, un grand seigneur anglais, lord Seymour. On a quelques-unes des lettres qu'elle lui adressa pendant cette liaison courte et triste comme un automne : c'est la tendresse et l'humilité de la *Courtisane amoureuse*, mettant sa poitrine nue sous les pieds de son bien-aimé. On y respire la mélancolie d'un cœur fatigué aspirant au repos des affections fidèles. Voici quelques passages de cette correspondance imprévue. J'en débrouille l'orthographe qui est celle qu'aurait eue la Chatte métamorphosée en Femme de la Fontaine :

« Les assurances de votre tendresse, mon
« tendre ami, font le bonheur de ma vie.
« Croyez que mon cœur trouve ces deux jours
« bien longs, et que s'il étoit en son pouvoir
« de les abréger, il n'auroit plus de peine. Je
« vous attends samedi, avec toute l'impatience
« d'une âme entièrement à vous, et j'espère
« que vous ne désirerez rien. Adieu, je suis à
« vous. »

L'amant se refroidit, le lien se dénoue ; elle se plaint, mais si doucement, que l'on dirait à voix basse :

« Vous n'aurez qu'un mot de moi, et qui
« seroit de reproche si mon cœur pouvoit en
« faire. Demain je vous dirai ce qui m'a empê-
« chée de vous donner de mes nouvelles. Mais
« croyez, quoi que vous en disiez, que vous
« serez le seul ami de mon cœur. Adieu, je
« n'ai pas la force de vous en dire davantage. »

Enfin vient la dernière lettre, un triste et touchant adieu :

« Il est inutile de vous parler de ma ten-
« dresse et de ma sensibilité, vous la connois-
« sez. Mais ce que vous ne connoissez pas, ce
« sont mes peines. Vous n'avez pas daigné
« me rassurer sur ce qui affecte mon âme,
« ainsi je crois que mon bonheur et ma tran-
« quillité vous touchent peu. C'est avec regret
« que je vous en parle, mais c'est pour la der-
« nière fois. Ma tête est bien, mon cœur souf-
« fre ; mais avec beaucoup d'attention et de
« courage, je parviendrai à le dompter. L'ou-
« vrage est pénible et douloureux, mais il est

« nécessaire. C'est le dernier sacrifice qu'il
« me reste à faire; mon cœur a fait tous les
« autres. »

Cela n'est rien, c'est le lieu commun de la plainte. Il s'écrit chaque jour dix mille lettres d'amour pareilles à celle-ci. Mais l'émotion vous prend en songeant à celle qui l'a griffonnée. Il a donc souffert ce cœur effréné ; ils ont donc pleuré ces yeux de diamant ; nous prenons donc en flagrant délit d'amour vrai la folle et triomphante courtisane ! Il lui sera beaucoup pardonné, puisqu'elle a aimé une fois dans sa vie, naïvement, simplement, comme une grisette qu'elle était. Que cette larme lave sa mémoire, et aussi le sang qu'elle versa sur l'échafaud pour l'amour de la maison royale dont elle avait profané le trône. Elle fut lâche envers la mort ; mais cette lâcheté même nous touche comme une humiliation volontaire. Elle semble se rendre justice en s'avilissant. Il ne convenait pas à cette belle païenne de mourir à la façon des héroïnes et des saintes : — « Monsieur le bourreau, ne
« me tuez pas ! monsieur le bourreau, ne me

« faites pas de mal ! » criait-elle à Samson sur la charette du supplice. Qu'elle serait moins touchante si elle avait porté devant l'échafaud la sérénité fière qu'il n'appartient qu'aux martyrs de présenter à la mort !

Paul de Saint-Victor.

La Du Barry

DRAME EN CINQ ACTES

ET EN DIX TABLEAUX

UEL drame que cette histoire de la Du Barry ! drame en cinq actes et dix tableaux.

Au premier acte elle joue au volant — déjà avec un éventail — chez une marchande de modes. La Gourdan, ce trait d'union d'or et de boue qui fait des mariages nocturnes, l'a vue venir un jour chez elle lui portant une fanchon ; elle n'a pas oublié ce joli pastel qui ne craint pas le soleil : elle va chez la marchande de modes et surprend la belle qui dessine une robe à queue : « Le joli museau ! »

dit la Gourdan. Elle la fait pirouetter et la baise au front.

Pauvre Jeanne ! La marchande de modes ne devait plus être qu'une marchande d'amour.

Second tableau : nous voilà dans une académie de roués et de coquins — une académie des jeux. — On joue tout ce qu'on a et tout ce qu'on n'a pas : son argent et son cœur. C'est le jeu d'enfer de la destinée. Il y a autour de la table des tireuses de cartes. « Qu'est-ce qui retourne ? demande la Gourdan. — Le roi de cœur, dit mademoiselle Lange. — Cela veut dire en toutes lettres, dit le comte Jean Du Barry, que le roi est dans ton jeu. Joue bien et tu te retourneras dame de cœur. »

Et on rit, et on soupe, et on s'enivre. Et Le Bel, ministre du Parc-aux-Cerfs, salue déjà Cotillon III dans la maîtresse du comte Jean Du Barry.

Au second acte, nous sommes à Versailles. C'est le petit lever de S. A. R. madame la comtesse Du Barry. Le roi Louis XV fait bouillir son café. Qui vient là ? C'est le nonce du pape. « Bonjour, monsignor; je me lève pour vous. » Et le nonce redit le mot de Fontenelle : « Et vous vous couchez pour un autre. » Elle se jette toute nue hors de son lit. « Monsignor, donnez-moi mes pantoufles. — Je n'en trouve qu'une, madame la comtesse. — Voici le grand aumônier qui va me donner l'autre. » Et les deux prélats chaussent la maîtresse du roi, qui rit tout haut et qui dit avec tout l'atticisme d'un roi bien appris : « Je suis sûr que leurs Éminences ne regardent pas de l'autre côté. »

La scène continue avec d'autres personnages. Pajou prend séance pour son buste. Le duc de Richelieu vient conter une folie. Le duc de Tresme demande, à la porte, si le sapajou de madame la comtesse aura la faveur d'entrer. « Oui, dit-elle, s'il me promet de me faire rire. »

Sommes-nous en France ou en Chine ? Il paroît que nous sommes en France, car on parle français. Écoutez. La comtesse crie au roi, qui a des distractions : « Eh ! prends donc garde, la France, ton café f... le camp. »

Second tableau : celui qui montera sur le

trône et sur l'échafaud, sous Louis XVI, vient d'épouser une archiduchesse d'Autriche. C'est un citoyen qui auroit dû naître à Genève pour y vivre et pour y mourir en travaillant des montres. C'est un excellent horloger, mais il ne sait pas l'heure qu'il est à l'horloge des siècles. Le roi vient le surprendre à l'œuvre devant une pendule; sa jeune femme allaite son premier-né. C'est la beauté dans sa candeur. Spectacle à la Jean-Jacques et à la Greuze, que cet intérieur où l'homme travaille devant la jeune mère : toutes les vertus romanesques et sérieuses. Louis XV a promis de présenter à la Dauphine la duchesse de Chaulnes. Mais il vient pour faire une surprise. On annonce le roi. Le roi entre, précédé de la duchesse de Chaulnes et ayant à son bras, qui ? la comtesse Du Barry. La Dauphine court au devant de la courtisane et dit au roi : « Ah ! sire, je ne vous avois demandé qu'une grâce et vous m'en accordez deux ! »

La Du Barry se promène familièrement dans le salon et s'arrête devant le portrait de Charles Ier, par Van Dyck. Elle appelle le roi :

« La France, tu vois ce tableau ! Si tu laisses faire ton parlement, il te fera couper la tête comme celui d'Angleterre l'a fait couper à Charles Ier. — Qui parle de tête coupée ? demande le futur Louis XVI. — Cette folle, répond Louis XV. Est-ce qu'on coupe encore des têtes ? — Qui sait ? » dit Marie-Antoinette. Et tout le monde se regarde. « A propos, dit le Dauphin, le docteur Guillotin, qui est un savant, m'a dit qu'il vouloit, par humanité, inventer une machine de mort qui ne ferait de mal à personne. — Ah ! tant mieux, » dit madame Du Barry. Et Marie-Antoinette rit à belles dents.

Au troisième acte — toujours deux tableaux — nous sommes à Rueil. Le roi est malade; il a chassé la comtesse, comme il a fait autrefois pour la Châteauroux. Madame Du Barry a encore une cour, parce qu'on croit qu'elle reviendra, c'est-à-dire que le roi en reviendra. Mais Louis XV va mourir, et les carrosses dorés ne viennent plus à Rueil ; pas même celui de Richelieu, pas même celui d'Aiguillon, pas même celui du sapajou de la comtesse. Je me trompe : voici encore un carrosse. C'est celui du duc de La Vrillière. « Il me reste donc un ami ! » dit la délaissée en ouvrant la fenêtre.

Elle reconnaît le duc. « Pourquoi n'est-ce pas un autre ? » dit-elle tristement; car cet ami-là, elle ne l'aime pas. Et elle a raison. Il entre grave et solennel. « Vous êtes donc le messager de la mort, monsieur le duc ? — Oui, Madame, » dit le duc en s'inclinant jusqu'à terre. Cette fois, il s'incline pour se venger, car il s'était toujours incliné jusque sur les pieds de la maîtresse du roi. Et il présente une lettre. « Le roi est mort, madame la comtesse. Voici une lettre du roi Louis XVI, mon maître. — Une lettre ? — Oui, Madame, une lettre de cachet. »

Au second tableau du troisième acte, la comtesse est exilée au couvent de Pont-aux-Dames. Pourquoi pas plutôt chez la Gourdan ? Elle pleure et elle apprend à prier. Va-t-elle, comme La Vallière, jouer le rôle de Madeleine ? Non. Ce cœur n'a pas aimé encore et ne sera pas pénétré par la grâce. Elle va aux matines, mais elle ne se jette pas éperdue au pied de la croix. Elle écrit au roi pour demander son doux horizon de Luciennes, où l'on respire l'air amoureux de Versailles. Le roi est bon prince : il octroie à la pécheresse non repentie deux cent mille livres de rente pour habiller en or le souvenir de son aïeul.

Quatrième acte — premier tableau : nous sommes au jardin d'Armide — je veux dire de Luciennes. L'amour du duc de Cossé-Brissac a refait non pas une virginité, mais une jeunesse à la Du Barry, déjà pâlissante. C'est la courtisane amoureuse. Tous ceux qui l'ont aimée sont vengés, car elle aime et souffre à son tour. Le bec du vautour déchire son cœur. Les voyez-vous dans le parc, devant la Diane d'Allegrain, le duc et la comtesse qui s'en vont bras dessus bras dessous, comme deux amoureux de roman? Zamore, ce joli nègre que la Du Barry a fait peindre lui présentant son chocolat, porte toujours la queue de sa robe. Mais quel est ce bruit et quelle est cette musique ? Voilà des comédiens et des violons. On va donner une fête dans les jardins. Les Parisiens de la décadence arrivent en foule pour cette orgie romaine. Le beau monde et les belles folies ! Quel sera le lendemain de cette fête ?

Second tableau : — Zamore ne porte plus la queue de la robe de la comtesse. Mais elle a une cour de philosophes, d'artistes et de princes étrangers ; le sapajou est à son poste ; Louis XV lui-même est là, en peinture. Mais elle est si heureuse qu'elle a peur de son bonheur. « Pourquoi le duc n'est-il pas venu aujourd'hui ? demande-t-elle à Zamore. — Citoyenne, dit le nègre, c'est qu'il y a du bruit à Versailles. — Citoyenne, dis-tu ? Je te chasse. On parle français chez moi. »

A peine Zamore est-il parti, qu'il revient pour annoncer le duc de Cossé-Brissac. « Faites entrer, » dit la comtesse avec une secousse de joie au cœur et aux yeux.

On fait entrer ! Elle reconnaît au bout d'une pique la tête de son amant.

Quelle tragédie que ce cinquième acte de la vie de « la ci-devant maîtresse du tyran ! »

Premier tableau. — Le tribunal révolutionnaire : « Ton nom ? lui demande le président Dumas. — La comtesse Du Barry. — « Ton nom, te dis-je, le nom de ton père, si tu en as eu un ? » Elle ne répondit pas. Elle a si souvent pris un pseudonyme, qu'elle a oublié son nom. Fouquier-Tinville et Dumas la fustigent de leur éloquence à coups de bâton, devant David, peintre du roi.

« Tu as conseillé le despote qui t'a sacrifié le sang de ses peuples. »

Et on la condamne à la peine de mort pour avoir porté le deuil du tyran et conspiré contre la République. C'est la nuit, on la traîne dans son cachot. Elle a horreur des ténèbres et elle ne reverra le soleil que sur la guillotine.

Second tableau du dernier acte. — Elle est sur l'odieuse charrette avec un marquis, un financier et un prêtre. Le marquis essaye un dernier madrigal, le prêtre lui parle du ciel; le financier lui demande si elle le payera là-haut, car il a été son banquier. Elle n'entend rien, elle a peur du charnier, elle croit que tout ce qu'elle voit n'est qu'un horrible mensonge.

C'est la première fois de sa vie qu'elle s'est levée si matin.

Cependant la charrette est sur la place de la Révolution. Là où était la statue de son royal amant, on a élevé la guillotine. La reine y est montée, mais elle montait au ciel ; tandis qu'elle, c'est pour être jetée, pauvre âme sans pardon, dans les ténèbres sans fin. « A moi ! à moi ! crie-t-elle au peuple qui se croit au spectacle gratis. Nul ne répond à cet appel au peuple. On la saisit, on la jette sur le pavé, et on l'entraîne sur l'échafaud. Elle se défend, elle se débat, elle jure qu'elle n'a fait mourir personne, elle rappelle qu'elle a signé plus d'une grâce. « Pauvre Du Barry, dit une femme qui avait étouffé son premier-né et qui avait amené ses cinq enfants à ce spectacle, elle m'a pourtant sauvée de la potence ! »

Mais la guillotine attend. Le bourreau emporte galamment la condamnée et la jette sur la la planche. *Encore un moment, monsieur le bourreau!*

C'est le dernier mot du dernier acte, la toile

— je me trompe — le couteau tombe et interrompt la maîtresse de Louis XV.

Et monsieur Samson prend la tête de la Du Barry pour la montrer au peuple. Ce qu'il faisait les grands jours pour retenir son public. « La voilà, dit-il en promenant autour de lui cette tête blanche qui pleuroit du sang, la voilà celle qui est cause de tous nos malheurs. »

A cet attouchement et à cette parole du bourreau, la Du Barry ne rougit pas.

Il n'y a que les grandes vertus à la Charlotte Corday qui gardent jusqu'après la mort ce beau privilége de la femme.

GALERIE DU XVIIIe SIÈCLE.

HISTOIRE
DE LA
Comtesse Du Barry

I

EN 1746, au lendemain de la fête de la sainte Vierge, dans un petit village de Lorraine qui avait eu jadis l'honneur d'être le berceau de Jeanne d'Arc, un enfant naissait, qui était, par sa mère, l'arrière petite-nièce de Jeanne d'Arc, et qui, par son père, M. Gomard de Vaubernier, commis aux fermes, se rattachait à cette petite noblesse de province qui sans cesse aspirait aux honneurs de la cour et vivait les yeux perdus dans les visions dorées de Versailles.

Marie-Jeanne de Vaubernier, née le 19 août

1746, venait-elle en ces heures difficiles où la France avait besoin du secours d'en haut pour continuer l'œuvre de sa grand'tante Jeanne d'Arc ? Avec ces deux noms de vierge Marie, Jeanne devait-elle préserver Paris des philosophes et de la Révolution comme l'autre Jeanne préservait Orléans des Anglais? Qu'importe! Elle fut tenue sur les fonts baptismaux par M. Billard du Monceaux, financier et philantrope, j'allais dire philogène. Au déjeuner du baptême, on but à Jeanne d'Arc et à madame de Pompadour. Les convives ne se doutaient pas que le tintement de leurs verres allaient résonner jusqu'aux oreilles de Louis XV.

Jeanne était charmante; elle était coquette aussi : elle voulait plaire aux autres et se plaire à elle-même : elle avait pour flatteurs les miroirs, en attendant les encyclopédistes.

Mademoiselle de Vaubernier fut placée par son parrain dans une pension bourgeoise située rue des Lions-Saint-Paul, où on lui enseigna le *Catéchisme* de Fleury. De là elle passa au couvent Sainte-Aure, où elle apprit presque à dessiner; puis, sur le coup de ses seize ans, on l'installa, émancipée déjà, chez une marchande de modes qui habitait rue Saint-Honoré et qui dirigeait son commerce à la mode de Cythère. Jeanne Vaubernier s'appelait alors mademoiselle Lançon, et mademoiselle Lançon devint vite la favorite de ce magasin, où les demoiselles de comptoir ne marchandaient pas leurs faveurs. « Ils sont innombrables, dit l'historien véridique de ses scandaleuses aventures, les amants de toutes conditions qu'on lui prête dans cette boutique de modes. » En vérité, c'est trop ; dans quel temps aurait-elle fait des chapeaux ?

Quand elle eut dix-huit ans, la demoiselle de comptoir, veuve déjà du cuisinier Nicolas Maton, du comte d'Aubuisson et de quelques autres mousquetaires, passa demoiselle de compagnie chez madame de la Garde, veuve d'un fermier général et hôtesse d'une académie d'académiciens sans brevet. Madame de la Garde avait deux fils. Tous les deux s'enamourèrent de la *compagnie* de leur mère, et mademoiselle Lançon-Vaubernier fut chassée de son nouvel asile.

La rue des Deux-Portes ouvrit une porte à la facile pécheresse. C'était là que tenait ses assises la trop célèbre madame Gourdan, dont la maison avait aussi une porte ouverte sur la rue Saint-Sauveur. Mademoiselle Lançon se débaptisa une fois de plus : elle devint une des pensionnaires quotidiennes de ce harem, où, parmi les sultans, les mondors, les robins et les abbés, se mêlaient volontiers aux marquis. Dans la foule, les chevaliers d'industrie ne manquaient pas. C'en était un, ou peu s'en faut, que le comte Jean Du Barry, corrupteur insolent, roué, ambitieux, débauché sans vergogne. Il rêvait un poste en haut lieu. Jeanne Vaubernier-Lançon-Lange lui parut le plus éloquent des placets. Il n'avait pas tort.

« Jeanne de Vaubernier, dit encore, et à merveille, Léon Golzan, était née courtisane. Elle avait surtout la soif des belles choses, du beau linge, des étoffes riches, des parures neuves. Sa faiblesse était une déviation du grand sentiment qui fait aimer les arts, et elle le prouvait bien quand elle put en quelque sorte se purifier en demandant des statues, des tableaux, des palais aux premiers artistes de son époque. »

II

La monarchie avait encore un pas à faire vers sa chute. Si elle avait créé le Parc-aux-Cerfs, elle n'était pas encore descendue dans le lupanar parisien. Elle y descendit appuyée au bras de la comtesse Du Barry.

Madame Du Barry, surnommée Lange des Harems, étoit la sœur de Manon Lescaut. Au lieu d'aller se repentir à la Louisiane, elle alla s'achever dans les tourbillons d'or de Versailles. Les carrosses du roi valaient-ils mieux que la charrette des filles perdues?

Quand la beauté quitte la province pour venir à Paris, elle retrouve son pays natal, on lui octroie droit de cité, elle s'y épanouit en toute joie comme ces plantes délicates qu'on transporte dans les serres. Jeanne Vaubernier se trouva chez elle pour la première fois, elle sentit qu'elle allait régner despotiquement sur tous ces coureurs de ruelles qui saluaient déjà sa bienvenue.

Elle apprit du même coup les modes et l'amour. La Gourdan lui fit faire un chapeau et la paya en lui donnant ses pratiques.

Mais elle était appelée à d'autres destinées.

Un jour qu'elle se promenait aux Tuileries, un fou — les fous ont la seconde vue — lui demanda la grâce d'être son ami quand elle serait reine. Elle se dit : Cet homme est fou. Et pourtant elle pensa à la Pompadour, rougit — ce fut la seule fois — et tourna les yeux vers Versailles.

Mais Versailles, c'est le rivage inespéré pour une fille comme elle qui est connue de tout Paris. Est-ce que le roi voudrait être l'amant de celle qui a été la maîtresse de tous ses courtisans? Qui sait! le roi s'ennuie. Ne trouvera-t-il pas un poète pour la comparer à Vénus :

> *O Jeanne, ta beauté séduit*
> *Et charme tout le monde,*
> *En vain la duchesse en rougit*
> *Et la princesse en gronde ;*
> *Chacun sait que Vénus naquit*
> *De l'écume de l'onde.*

Ce poète, ce n'est pas encore Voltaire, mais c'est déjà Boufflers.

III

Ce fut en 1768 que le comte Jean Du Barry mit sur une table de pharaon l'enjeu de sa destinée à venir et gagna tout de suite la partie. Il avait pour partenaire Le Bel, ce ministre sans portefeuille qui était chargé de présenter des Abizag aux ardeurs de David-Louis XV veillissant. On fit voir Abizag à David, et, cette nuit-là même, un soleil nouveau se leva sur Versailles.

Le roi était, en ce temps-là, en deuil de la reine; il porta bien vite son deuil en rose. On ne pouvait pas recevoir à la cour l'héritière des dignités de madame de Pompadour, puisque Jeanne Vaubernier n'était pas mariée; mais on eut bien vite levé la difficulté : le 1er septembre 1768, Guillaume Du Barry [1], le frère du

---

1. « Ceux qui aiment à suivre à travers les années d'oubli et les révolutions le fil aminci des événe-

comte Jean, épousa *in partibus*, à l'église de Saint-Laurent, la quasi-reine, et le notaire Le Pot, d'Auteuil, dressait le contrat au plus grand bénéfice des Scapins obscènes qui assuraient à l'ex-associée de la Gourdan son titre légal de comtesse Du Barry.

En vain la duchesse de Grammont complota, avec son frère, le duc de Choiseul, contre la belle triomphante. En vain les *Nouvelles à la main* protestèrent contre la souveraine qui avait pris des leçons en *maison-bonne*. En vain les chanteurs de la rue répétèrent-ils dans tous les carrefours les grossiers et injurieux refrains de la *Belle Bourbonnaise*. En vain Voltaire lui-même lança-t-il de son exil cette satire à la dent venimeuse, la *Cour du roi Pétaud*. Madame Du Barry avait pour elle le duc d'Ai-

---

ments, ou plutôt la fin des personnages qui les ont amenés, n'apprendront pas sans quelque intérêt que la famille Du Barry compte encore des descendants fort honorables à Toulouse et à Perpignan. Un fils naturel du mari de madame Du Barry servit avec une grande distinction pendant les guerres de l'Empire. »

guillon, le maréchal de Richelieu, Louis XV, la France plutôt, comme elle disait déjà. Elle fut accueillie bientôt chez les filles du roi, et elle aussi elle eut le droit de les appeler Loc, d'appeler mesdames Victoire, Adélaïde et Sophie de ces beaux noms qu'avait trouvés leur père, Lock, Chiff et Graille. Enfin, le 22 avril 1770, madame de Béarn, une vieille plaideuse qui avait autant de procès que de créanciers, une madame de Paimbèche après la lettre, gagna ses causes et paya ses mémoires en ayant le courage d'introduire dans le salon du roi celle qui jusqu'alors n'avoit trôné à Versailles que dans la chambre à coucher. Le même jour, la fille du commis Gomar reçut dans ses appartements privés l'évêque d'Orléans, le prince de Soubise, M. de Saint-Florentin, les ducs de la Trémouille, de Duras, d'Aiguillon, d'Ayen, de Richelieu, le meilleur de la noblesse française, et, par-dessus et après eux tous, un prince du sang, le comte de Lamarche, fils du prince de Conti. Le duc de Choiseul resta dans la dignité de son isolement.

V

En dehors de M. de Choiseul, le monde semblait appartenir à madame Du Barry. Louis XV achetait, pour la loger, le pavillon de Luciennes, situé sur un coteau fleuri, en vue des plus larges horizons, bâti dans un autre siècle par Mansard, pour le fils légitimé de Louis XV, enrichi naguère par les peintures voluptueuses de Watteau, par les marbres onduleux d'Allegrain, et, maintenant encore, embelli par le portrait de Drouais, par le buste de Pajou, où les délicats artistes ont laissé la figure de celle qui fut la gracieuse et fatale expression de leur époque.

« Le portrait de madame Du Barry, par Drouais, a dit Léon Gozlan, est un incontestable chef-d'œuvre. Van Dyck a peu d'œuvres supérieures à celle-là. Le front est superbe et doux, et le corps, ce corps gracieux, est revêtu d'une ringrave qui s'entr'ouvre pour laisser voir un jabot de dentelles et le sein de madame

Du Barry. Comme on cherche des comparaisons à tout ce qui est beau, pour doubler, en le communiquant, le plaisir qu'on éprouve, on pourrait dire de ce portrait qu'il rappelle un oiseau merveilleux et une fleur charmante, un cygne et un lys; tout cela est fier, distingué et tendre. »

Le plus spirituel des ennemis de la comtesse se justifiait plutôt qu'il ne l'accusait dans ce couplet écrit pour Chanteloup, et que Paris redisait en chœur :

Dans le sérail du grand seigneur,
    Quelle est la favorite?
C'est la plus belle, au gré du cœur
    Du maître qui l'habite,
C'est le seul titre en sa faveur
    Et c'est le vrai mérite.

Voltaire regrettait ses attaques inconsidérées contre la bien-aimée de Trajan. Le 28 avril 1769, il écrivait à la comtesse : « A part, Madame, le respect général que je porte à votre sexe, j'en professe un particulier pour toutes les personnes qui s'approchent de notre souverain et qu'il investit de sa confiance; en cela, je me montre non moins fidèle sujet que galant français, et je révère le dieu que je sers dans ses amitiés constantes comme je le ferais dans ses caprices. » Et il signait : « Voltaire, gentilhomme ordinaire du roi. »

Et ces vers qu'il n'avait pas besoin de signer.

« Madame,

« M. de La Borde m'a dit que vous lui aviez
« ordonné de m'embrasser des deux côtés de
« votre part :

> *Quoi ! deux baisers sur la fin de ma vie!*
> *Quel passe-port vous daignez m'envoyer !*
> *Deux, c'est trop d'un, adorable Égérie,*
> *Je serai mort de plaisir au premier !*

« Il m'a montré votre portrait; ne vous
« fâchez pas, Madame, si j'ai pris la liberté de
« lui rendre les deux baisers :

> *Vous ne pouvez empêcher cet hommage,*
> *Faible tribut de quiconque a des yeux :*
> *C'est aux mortels d'adorer votre image,*
> *L'original étoit fait pour les dieux.*

Peut-être Voltaire n'écrivait-il cette lettre que parce qu'il avait lu celle-ci écrite par le roi au duc de Choiseul, qui refusait de reconnaître Cotillon III, reine de la main gauche :

« Mon cousin,
« Le mécontentement que me causent vos
« services me force à vous exiler à Chanteloup,
« où vous vous rendrez dans les vingt-quatre
« heures. Je vous aurois envoyé plus loin si ce
« n'étoit l'estime particulière que j'ai pour
« madame de Choiseul. Sur ce, je prie Dieu,
« mon cousin, qu'il vous ait en sa sainte et
« digne garde. »
                            « Louis. »

Cet exil, ce fut le seul crime de la courtisane. Elle ne ferma sur aucun de ses ennemis les portes de la Bastille. Plus d'une fois elle mit la plume à la main de Louis XV pour signer une grâce. « Madame, lui dit le lieutenant de police, j'ai découvert un coquin qui répand des chansons sur vous : que faut-il en faire ? — Le condamner à les chanter et lui donner du pain. » Mais elle eut le tort de faire une pension au chevalier de Morande pour acheter son silence.

Cependant le roi cherchait une femme — Diogène nocturne qui fuyait les lanternes des philosophes — il trouva Jeanne Vaubernier. Il croyait ne l'aimer qu'une nuit, il l'aima tout un jour. « Ce n'est pas assez, lui dit-elle, vous m'aimerez au grand jour. Que me manque-t-il pour être aimée à la cour? Me faut-il un blason? J'en ai beaucoup, car j'ai été aimée par tous les grands noms du livre héraldique. »

Jeanne Vaubernier avait prié son amant le vicomte Jean Du Barry de lui donner son titre de vicomtesse. « Bien mieux, s'écria le vicomte Jean, je vous donnerai un titre de comtesse : mon frère est à marier, c'est un coquin, tu es une coquine, quel beau mariage! »

Et ils furent bénis. Et la comtesse de fraîche date fut solennellement présentée à la cour par une comtesse d'ancienne date, la comtesse de

Béarn. Le roi Voltaire protesta par une satire : la *Cour du roi Pétaud*. Le duc de Choiseul protesta, la France protesta, mais tout Versailles se jeta éperdûment aux pieds de la comtesse.

Les filles du roi elles-mêmes lui firent la cour et lui permirent de les appeler par leur petit nom : *Loque*, *Chiffe* et *Graille*. Le roi, jaloux de cette gracieuse familiarité, voulut avoir aussi son petit nom. La bacchante, qui croyait tenir par le roi toute la France dans ses bras, l'appela *la France*, comme eût fait une femme à soldat de son mousquetaire gris.

O le beau tems ! La Du Barry et Louis XV cachaient leur vie — comme le sage — dans les petits appartemens. Elle émiettait son chocolat, il broyoit lui-même son café. Et la royauté consacrait un nouveau verbe pour le dictionnaire de l'Académie.

Madame Du Barry disait au roi : « J'aime ton chez toi à la folie. » Et le roi donnoit Luciennes à sa maîtresse pour pouvoir chanter la même chanson. Roméo et Juliette des lupanars !

La Du Barry lançait ses répliques de poissarde avec une délicatesse ineffable. Elle n'ouvrait les yeux qu'à demi, même quand elle jetait sa gorge sur la rive. Le roi était ravi de ces contrastes. C'étoit un monde nouveau. Aussi lui disait-on : « Ah! Sire, on voit bien que Votre Majesté n'a jamais été chez la Gourdan. »

La Du Barry se fit pardonner par les poëtes et les artistes. Elle donnait à deux mains. Elle payait en vraie reine son peintre et son sculpteur. Quel chef-d'œuvre que ce portrait de Drouais si lumineux et si vif, si provoquant et si doux! Quelle merveille que ce buste de Pajou qui exprime la courtisane, mais la courtisane royale! Quels chefs-d'œuvre vivants que cette Diane et cette Vénus d'Allegrain, qui sont des Du Barry déshabillées! Dirai-je que tout Paris lui sut gré de s'être déshabillée une fois de plus pour montrer à Allegrain cette Vénus et cette Diane, qui sont aujourd'hui deux des merveilles de l'art français? Regardez au Louvre ce marbre trop nu, parce qu'il est plus clair que marbre, c'est la Du Barry.

Sa beauté avait un charme pénétrant et singulier, parce qu'elle était à la fois blonde et brune. — Des sourcils et des cils noirs et des yeux bleus, — des cheveux brunissants et rebelles, — des joues d'un dessin idéal dont la pâleur rosée était toujours avivée par deux ou trois mouches, — un menton « formé par la main de l'Amour, comme dit l'Anthologie, — un nez fin aux narines expressives, — un air de candeur enfantine et un regard voluptueux jusqu'à l'ivresse. C'était du même coup d'œil Vénus pudique et Vénus furieuse, une Hébé et une bacchante.

Les plaisirs du roi et de la favorite n'étaient guère troublés que par les tireuses de cartes. Le roi et la comtesse ne croyaient pas aux prédictions des philosophes, mais ils croyoient aux devins. Un jour Louis XV trouva sur le coussin de son carrosse, au retour de Choisy, un billet où on avait transcrit cette prédiction du moine Aimonius, ce savant qui ne lisait que dans le grand livre des astres :

« Aussitôt que Childéric fut revenu de Thu-
« ringe, il fut couronné roi de France, et il ne

« fut pas plus tôt roi qu'il épousa Basine, femme
« du roi de Thuringe. Elle vint elle-même
« trouver Childéric. La première nuit des noces
« et avant que le roi fût couché, la reine pria
« Childéric de regarder à la fenêtre du palais
« qui donnoit sur un parc, et de lui dire ce
« qu'il y verroit. Childéric regarda, et, tout
« effrayé, rapporta à la princesse qu'il avoit vu
« des tigres et des lions. Basine le renvoya une
« seconde fois regarder. Ce prince ne vit plus
« que des ours et des loups, et, à la troisième,
« il aperçut des chiens et des chats qui se bat-
« toient et se déchiroient Alors Basine lui dit :
« Je vais vous donner l'explication de ce que
« vous avez vu : la première figure vous dé-
« couvre vos successeurs qui excelleront en
« courage et en puissance; la seconde repré-
« sente une autre race qui sera illustre par les
« conquérants qui augmenteront votre royaume
« pendant plusieurs siècles; mais la troisième
« dénote la fin de votre royaume qui sera
« adonnée aux plaisirs, et perdra l'amitié de
« ses sujets; car les petits animaux signifient
« les peuples qui, émancipés de la crainte des

« princes, les massacreront et feront la guerre
« ensuite. »

Après avoir lu cette prédiction, le roi passa le billet à la comtesse. « Après nous la fin du monde, » dit-elle gaiement.

Et le roi se mit à rire.

VI

Quand l'abbé de Beauvais prêcha la cène à Versailles, après le carnaval de 1774, il osa dire, dans sa sainte colère : « Ce carnaval est le dernier ; encore quarante jours, Sire, et Ninive sera détruite. »

Le roi pâlit. « Est-ce Dieu qui parle ainsi ? » murmura-t-il en levant les yeux vers l'autel.

Le lendemain, il alla chasser en grand équipage : il avait peur depuis la veille de la solitude et du silence. « C'est le tombeau, je ne veux pas m'y coucher, » dit-il à madame Du Barry.

A la chasse, le duc de Richelieu parvint à l'égayer. « C'est égal, dit-il tout à coup, comme si l'appel des trappistes fût venu jusqu'à lui, je ne serai tranquille que lorsque ces quarante jours seront passés. »

Louis XV mourut le quarantième jour.

La Du Barry ne croyait ni à Dieu ni à diable, mais elle croyait à l'almanach de Liége. Elle ne lisait guère que ce livre — fidèle à ses anciennes habitudes.—Or, l'almanach de Liége de 1774 disoit aux prédictions d'avril :

Une dame des plus favorites jouera son dernier rôle.

Et madame la comtesse Du Barry disait sans cesse : « Je ne serai tranquille que lorsque ces quarante jours seront passés. »

Le trente-septième jour, le roi la chassa avec tous les honneurs dus à son rang.

Elle pleura en silence et pria Dieu comme une femme qui a oublié ses prières depuis longtemps.

Louis XV n'avait pas oublié ses prières, mais il donna deux cent mille livres aux pauvres et ordonna des prières à sainte Geneviève. Le parlement fit ouvrir la châsse et s'agenouilla gravement devant cette relique miraculeuse.

Le moins sérieux de tous ces bons dévots, ce fut le curé de Sainte Geneviève : « Eh bien, lui dit-on quand le roi fut mort, parlez encore des miracles de votre sainte Geneviève! — De quoi vous plaignez-vous? s'écria-t-il gaiement; le roi n'est-il pas mort? »

Au dernier moment, ce ne fut pas Dieu qui descendit au cœur du roi, ce fut sa maîtresse. « Dites à la comtesse de venir. — Sire, vous savez qu'elle est partie. — Ah! elle est partie! Il faut donc que nous partions. » Et il partit.

Sa fin fut saluée par des malédictions. On insulta jusqu'à ses funérailles. « Et pourtant, dit un vieux soldat, il était à la bataille de Fontenoy. »

Ce fut la plus éloquente oraison funèbre de Louis XV.

Le roi est mort, vive le roi! Avant la mort de Louis XVI, on cria : *Le roi est mort, vive la république!*

Le deuil fut porté en rose dans la bonne ville de Paris. L'oraison funèbre du roi et de sa maîtresse fut prononcée par Sophie Arnould; on n'a retenu que le dernier mot de ce chef-d'œuvre d'éloquence sacrée : *Nous voilà orphelins de père et de mère.*

VII

Si madame Du Barry fut un des sept fléaux de la royauté, elle mourut fidèle à la royauté. Après son exil au Pont-aux-Dames, elle revint à Luciennes, où le duc de Cossé-Brissac la consola presque de Louis XV ; mais ce qu'elle aimait dans Louis XV, c'était le roi ; son vrai pays, c'était Versailles ; sa vraie lumière, c'était le soleil de la cour.

Comme la Montespan, une coquine aussi, mais de haut style, elle allait en ses jours de tristesse jeter un regard amoureux sur le parc solitaire, dans les méandres de Trianon.

Et pourtant elle fut heureuse à Luciennes. Je l'ai comparée à Manon Lescaut, je la crois aussi sœur de la Gaussin. Toutes les trois ont fini par la passion après avoir dépensé l'amour en gros sous.

Oui, la comtesse Du Barry eut aussi son

heure. Dans toutes les courtisanes, il y a la courtisane amoureuse. La maîtresse du roi se retrouva un jour toute jeune à Luciennes, quoiqu'elle fût à son soleil couchant. Elle aimait le duc de Brissac. Ce jour-là, combien de pages de son roman elle eût voulu arracher et jeter à l'oubli ! « Pourquoi pleurez-vous, comtesse? lui demanda son amant. — Mon ami, lui répondit-elle, je pleure parce que je vous aime ; vous le dirai-je, je pleure parce que je suis heureuse. »

Elle avait raison, le bonheur est une fête sans lendemain.

Pour la comtesse Du Barry, le lendemain de son bonheur, la Révolution frappait à la porte du château de Luciennes. « Qui vient là ? — Je suis la justice, recommande-toi à Dieu. »

La reine, la vraie reine, lui fut bonne comme à tout le monde. Marie-Antoinette se souvenait que la favorite n'avait pas été méchante. On paya les dettes de la Du Barry et on lui donna assez d'argent pour qu'elle pût encore donner des deux mains. Luciennes devint un écho de Versailles. Les rois étrangers et les philosophes parisiens vinrent causer sous ses portiques. Minerve visitait Vénus impudique. Mais la sagesse ne prit pas pied à Luciennes.

Ce n'était pas seulement de Paris et de Ferney que ces adulations venaient achever l'orgueil et la déraison de la paysanne de Vaucouleurs. La fille de Marie-Thérèse qui arrivait en France voulait être tout de suite présentée à la comtesse apocryphe, dont la présentation avait coûté tant de peine au grand-père de Louis XVI. Mais quoi! elles savaient se courber, au besoin, ces superbes Autrichiennes dont le front semblait modelé pour la couronne. Marie-Antoinette pouvait flatter madame Du Barry, comme Marie-Thérèse courtisa madame de Pompadour : toutes deux étaient sûres d'une revanche [1]. Madame Du

---

1. Jolie lettre de Marie-Antoinette sur la Du Barry :

« Elle a une cour assidue; les ambassadeurs y
« vont, et toute personne étrangère de distinction
« demande à être présentée. J'ai, sans faire sem-

Barry usa, abusa, mais usa de son autorité aussi longtems que son autorité put durer. « La France, ton café f... le camp. » La France en était, grâce à Jeanne Vaubernier, à l'état du café de Louis XV. Jamais royauté de hasard ne fut plus pernicieuse à la royauté de naissance. Que de passe-droits, que d'argent jeté par toutes les fenêtres! La Pologne partagée, les parlemens insultés, les états, les provinces pressurés. Ce furent les passe-tems ordinaires de cette étrange créature, entrée dans le palais de Claude quand elle était née pour reposer toute la vie sa tête sur l'oreiller vénal de Lisiska. Mais elle était si séduisante avec ses cheveux cendrés et bouclés comme ceux d'un enfant, sa gorge forte, mais très belle, et ses yeux allongés, jamais ouverts, qui lui don-

---

« blant d'écouter, entendu dire sur cette cour des
« choses curieuses : on fait foule comme chez une
« princesse; elle fait cercle, on se précipite, et elle
« dit un petit mot à chacun. Elle règne. Il pleut
« dans le moment où je vous écris; c'est probable-
« ment qu'elle l'aura permis. »

naient quelque chose d'enfantin! Mais elle avait de si hardis propos, et, pour retenir un sultan blanchi sous les mauvaises passions, cette grande dame des *Mile et une Nuits* savait trouver si juste à point de provocantes répliques de poissarde!

Quand Louis XV rejoignit Louis XIV aux Champs-Elysées, madame Du Barry n'était pas madame de Maintenon. Ce n'est pas que la correspondante de Voltaire eût beaucoup plus nui à la royauté que la correspondante de Fénelon; mais de Saint-Cyr au Parc-aux-Cerfs il y avait assez de distance pour empêcher le sacrement que Jeanne Vaubernier avait osé rêver toute une saison. Louis XVI inaugura son règne vertueux en signant une lettre de cachet contre l'amie de sa femme. Il était trop tard de cent ans pour ces rigueurs, car Versailles n'avait plus de Bossuet pour conduire au couvent les favorites repenties; aussi madame Du Barry ne resta-t-elle pas longtemps au couvent de Pont-aux-Dames, où l'architecte de Luciennes, Ledoux, lui arrangea une cellule qui ressemblait beaucoup à un boudoir.

La reine Marie-Antoinette, une après-midi, tandis qu'elle présidait au cours d'amour florianesque du Petit-Trianon, se ressouvint de la pécheresse du monastère de Pont-aux-Dames, dont naguère elle avait amnistié les péchés avec son sourire. On paya les dettes de madame Du Barry, qui n'avait plus de liste civile, et elle rentra à Luciennes.

Ah! si la comtesse eût porté en elle une âme royale, elle avait alors de quoi se consoler : Franklin, Cagliostro, les ambassadeurs de Tippo-Saëb, les maîtresses du prince de Galles, l'empereur Joseph II, lui-même, se pressaient sur sa terrasse à côté de ces philosophes amis de l'amour, Boufflers, Beaumarchais et Laharpe. Mais madame Du Barry n'avait jamais étudié la philosophie, et pour elle toutes les royautés du monde étaient renfermées dans ce château de Versailles, où les dragons l'empêchaient d'aller encore cueillir les pommes d'or.

Quand eut lieu ce terrible dîner des gardes du corps où le sang coula dans les verres, madame Du Barry eut beau recueillir les champions de la reine, qui l'écartait de son Éden, l'Éden ne se rouvrit pas pour elle. Elle vint, sans doute, plus d'une fois à cette heure où tout est déclin et où le soleil, presque évanoui, éclaire à peine les rameaux déjà dépouillés, regarder encore par-dessus les clôtures ces statues de déesses dont elle avait été le modèle, ces ombrages dont elle avait ordonné les secrets, et, sans doute, comme la Madeleine égarée du poète, à la vue de son foyer natal, elle s'écria : Ah! tout mon bonheur était enfermé là !

Un rapprochement aurait eu lieu peut-être de madame Du Barry à Marie-Antoinette, si la Révolution n'eût pas dérangé beaucoup d'alliances et beaucoup de haines. Au moment de ce fatal dîner des gardes du corps, la reine remercia la comtesse, et elle eut deux fois à la remercier quand Jeanne lui répondit une lettre où est l'accent le plus sincère et le plus pénétrant de son âme douce encore et entretenue dans la bonté par la grâce.

Les temps étaient arrivés où Luciennes ne pouvait plus être ni à madame Du Barry ni à la reine. La maîtresse de Louis XV se crut naturellement enrôlée dans la cause de la royauté et de la noblesse, dont elle avait été un des sept fléaux. Elle intrigua avec M. de Calonne ; elle alla porter en Angleterre des secours aux émigrés ; elle revint à Luciennes pour y chercher celui qui avait succédé à Louis XV, comme Louis XV avait succédé à Pharamond, le duc de Cossé-Brissac. On lui rendit la tête du duc de Cossé-Brissac. Elle traversa une fois de plus la mer. Le sang de son dernier amant semblait la pousser à la guerre. La dernière bacchante de la Monarchie était engagée dans un duel contre les bacchantes de la Terreur ; mais celles-ci étaient, ce jour-là, des amazones, et celle-là était restée, sous son blason d'aventure, la fille autrefois soumise à la Gourdan. On lui doit cette justice, toutefois, elle fut fidèle au roi Louis XV jusqu'à se dévouer à la royauté de Louis XVI, même quand la royauté n'existait plus. Rentrée une dernière fois à Luciennes, et comme elle y méditait de nouveaux complots, madame Du Barry fut dénoncée aux vengeances du peuple par un être dont elle avait fait un gouverneur du palais, par ce Zamore, si joli quand il lui offrait son chocolat ou qu'il portait la queue de sa robe à ramages. Ce Zamore, qui avait pris son nom dans l'*Alzire* de Voltaire et sa fortune dans la poche de Louis XV, voulut gagner son brevet de citoyen de Saint-Domingue en logeant à Sainte-Pélagie l'Armide qui l'avait si longtemps hébergé dans son palais.

VIII

La comtesse Du Barry parut devant le tribunal révolutionnaire le 17 frimaire 1793. Quand on lui demanda son âge, elle répondit qu'elle avait qurante-deux ans; elle en avait réellement quarante-neuf. N'était-ce pas une coquetterie à la guillotine? L'accusateur public, qui avait condamné de plus jeunes captives, ne fut pas désarmé par les derniers airs penchés de cette tête qui allait tomber, voluptueuse encore dans la pâleur. Elle eut pour la défendre l'avocat de Marie-Antoinette; mais Chauveau-

Lagarde ne fut pas si éloquent que Fouquier-Tinville. L'arrêt fut prononcé à onze heures du soir; onze heures du soir, c'était l'heure où naguère, à Trianon, à la Muette, à Choisy, Zamore emplissait la coupe du maréchal de Richelieu, qui n'oubliait jamais de porter la santé de Cotillon III.

Madame Du Barry ne croyait pas qu'elle dût jamais mourir, car elle n'avait appris ni cette route du Christ que connaissait Marie-Antoinette, ni ce chemin de Caton et de Brutus, où surent marcher madame Roland et Charlotte Corday.

Elle passa la nuit à prier et à pleurer, à moitié folle d'effroi.

Le matin, elle dit qu'il était trop matin pour mourir : elle voulut gagner du temps; elle demanda à faire des révélations. La Commune envoya des oreilles. Que dit-elle? Elle indiqua toutes ses cachettes de Luciennes : elle détailla mot à mot tout l'inventaire des trésors qu'elle avait enfouis, n'oubliant rien, parce que chaque mot lui donnait une seconde. « C'est fini? dit le juge qui écoutait. — Non, dit-elle, j'oubliois encore une seringue en argent cachée sous l'escalier !

Cependant les chevaux de la charrette piétinaient, les spectateurs frappaient à la porte de la prison.

Quand on la jeta déjà mourante sur la charrette, elle baissa le front et pâlit.

C'est que ni ses œuvres ni ses actions n'étaient du cortége. Elle se trouvait seule pécheresse sans rédemption.

Elle vit tout un peuple sur la place Louis XV. Elle se frappa trois fois le sein et murmura : « C'est ma faute. »

Mais ce repentir tout chrétien l'abandonna quand elle monta sur l'échafaud — là où était la statue de Louis XV ; au lieu de prier Dieu, elle pria le bourreau : « *Encore un moment, monsieur le bourreau, encore un moment !* »

Monsieur le bourreau, c'était le citoyen Samson. Il la coucha sur la planche et la jeta sous le couteau sans lui donner *encore un moment.*

Ce fut le dernier lit de la courtisane. Si l'almanach de Liége lui eût prédit que celui qui la coucherait pour la dernière fois serait le citoyen bourreau!

La reine Marie-Antoinette avait aussi parlé à l'exécuteur des hautes œuvres. Elle avait, en marchant sur l'échafaud, effleuré le pied sanglant du bourreau : « Je vous demande pardon, Monsieur. » — Et pourtant, dit Paul de Saint-Victor, madame Du Barry nous attendrit, lorsqu'elle tord ses beaux bras nus sur la charrette homicide et qu'elle crie à Samson, de sa voix d'enfant : « Monsieur le bourreau, ne me faites pas de mal! » Sa lâcheté nous touche comme une humiliation volontaire. Elle semble se rendre justice en s'avilissant. Une courtisane n'avait pas le droit de monter sur l'échafaud du pas des reines et avec le front des martyrs.

Marie-Antoinette avait, dans sa vie, réservé la part de Dieu; à sa mort, Dieu la lui a rendue.

Mais pourquoi les mettre en regard ces deux femmes? L'une est morte en reine — comme elle avait vécu, — l'autre est morte comme une courtisane qui sort de son lit et qui a peur du froid. Dans l'une il y avait une mère; dans l'autre, il n'y avait plus même une femme. Et pourtant elles ont toutes les deux régné sur la France de Versailles.

IX

La Du Barry eut-elle un caractère? Oui, celui de la fille galante qui ne croit qu'à sa beauté et qui n'a d'autre horizon que son miroir. Sa politique fut d'amuser le sultan, car le sultan s'ennuyait. Beaucoup de millions jetés par la fenêtre, mais elle aimait les pauvres. Elle ruinait la France, parce qu'elle endormait le roi dans ses jardins d'Armide, mais elle n'empêchait pas les ministres d'avoir du génie. Il est vrai qu'elle exilait le seul qui eût du génie : le duc de Choiseul.

Elle savait un peu de tout, moins que rien. Elle dessinaillait, elle inquiétait son clavecin, elle écrivait sans trop se brouiller avec la grammaire, elle avait de l'esprit sans le savoir [1]. Mais ce qu'elle savait bien, c'était le charme pénétrant dont on joue sans éventail, en fermant à demi les yeux allumés, en entr'ouvrant à peine des lèvres ardentes, en cachant mal des seins « plus beaux que l'espalier de Vénus. » Et ces molles langueurs des bacchantes de sofas! Et ces airs penchés de Léda fuyant le cygne! Et ce rire harmonieux, un vrai carillon de fête! Et ce parler caressant qui captive et qui tue! Et cette douceur de colombe — anneaux de serpent —, qui vous en-

---

[1]. On a publié des *Nouvelles à la main* où la Du Barry est peinte de face et de profil, en buste et en pied. On voit que l'historiographe l'avait vue poser devant les peintres et les sculpteurs, mais surtout devant Louis XV. C'est un portrait qui parle.

L'historiographe n'est ni un Pétrone, ni un Plutarque, ni un Saint-Simon. C'est un homme de cour, barbouillé de tabac d'Espagne et de philosophie courtisanesque, qui dit ce qu'il voit et qui ne voit pas au delà. Mais après tout, plus d'une de ces pages, prise sur le vif, appartient à l'histoire de ce singulier règne qui, dans l'édifice de ce grand siècle, entre Louis XIV et la Révolution, ressemble à une pagode chinoise.

chaîne sous l'arbre de la science! Elle prenait les plus rebelles, parce qu'il y a une heure dans la vie des saints où Madeleine joue de ses maléfices. C'est le prophète qui a dit cela.

Diderot se demandait : « Que restera-t-il de la marquise de Pompadour? une pincée de cendres et un pastel de La Tour. »

Que restera-t-il de la comtesse Du Barry? après tant de grâces dépensées, après tant de fêtes et de lendemains, après tant de beautés épanouies au soleil couchant de l'ancienne France? Un buste dans les galeries du Louvre, un château qui est passé de Célimène à Turcaret, de Turcaret à Beaumarchais II. Et puis quelque part, dans un charnier, un spectre acéphale, comme dirait Chateaubriant; une chose sans nom, comme dirait Bossuet.

O destinée des femmes! C'est par l'amour qu'elles vivent, c'est par l'amour qu'elles survivent. L'amour a ouvert à la Du Barry la porte du palais de Versailles, le palais du roi; l'art lui a ouvert la porte du palais des chefs-d'œuvre, le Louvre. On l'a un jour chassée de Versailles, mais elle restera au Louvre tant que l'art aura son palais.

X

Il n'y a pas bien longtems, les paroissiens de Saint-Philippe-du-Roule avoient un culte pour le curé de la paroisse, parce qu'il étoit beau et parce qu'il étoit bon. Je l'ai connu de près, à propos d'une pécheresse qui mourut sa paroissienne et pour laquelle il voulut dire la messe mortuaire, ce qu'il ne faisoit pas toujours, même pour les femmes de haute vertu. C'est qu'il avoit dans son cœur le cher souvenir d'une femme qui avait péché. C'étoit le souvenir de sa grand'mère, mademoiselle de Romans, maîtresse de Louis XV. Dans tout le faubourg Saint-Honoré on disoit que c'étoit l'abbé de Bourbon, sans même savoir qu'il fût petit-fils de mademoiselle de Romans, tant il avoit le type bourbonnien. C'étoit l'homme d'église et l'homme du monde le plus accompli. Sa main gauche ne savoit pas ce que faisoit sa main droite. Mais on pouvoit le dire tout haut, jamais prêtre ne fut plus royalement charitable.

Sophie Arnould a écrit de mademoiselle Romans qu'elle dépassoit toutes les autres femmes de Louis XV comme Calypso dépassoit ses nymphes.

D'où venoit-elle ?

Sophie Arnould disoit encore : « C'est le roman de Romans que cette demoiselle de Romans. » Prise dans un château, jetée au Parc-aux-Cerfs comme une jeune Turque dans le sérail, pour faire une femme de plus au Sultan, elle apparut si belle à Louis XV, si fière dans son esclavage, si chaste dans son amour, si haute et si noble dans sa chute, que le roi comprit que celle-là n'étoit pas née pour les voluptés mystérieuses. Aussi, quoique plus belle, ne détrôna-t-elle pas la sultane favorite.

De ce trait d'union sitôt brisé, il est resté peu de souvenirs. Voici, par exemple, une lettre du roi, datée du 8 décembre 1761 :

« Je me suis très bien aperçu, ma grande, que vous aviez quelque chose dans la tête lors de votre départ d'ici ; mais je ne pouvois deviner ce que ce pouvoit être au juste. Je ne veux point que notre enfant soit sous mon nom dans son extrait baptistaire, mais je ne veux point non plus que je ne le puisse reconnoître dans quelques années si cela me plaît. Je veux donc qu'il soit mis « Louis-Aimé » ou « Louise-Aimée, » fils ou fille de Louis le roi ou de Louis Bourbon, comme vous voudrez. Pourvu qu'il n'y ait pas de blanc de votre côté, vous y ferez mettre ce que vous voudrez. Je veux aussi que le parrain et la marraine soient des pauvres, excluant tous autres. Je vous embrasse bien tendrement, ma grande amie. »

Mademoiselle de Romans qui ne fut pas fière de l'amour du roi, fut fière de mettre au monde un enfant quasi-royal.

Aussi afficha-t-elle son enfant, qu'elle appela tout haut « le petit dauphin. » M. Paul de Saint-Victor, qui a touché à tout d'une main si savante et si lumineuse, a conté en quelques lignes comment mademoiselle de Romans alloit s'asseoir en habit de gala sous les marronniers des Tuileries, portant son glorieux poupon dans une corbeille noyée de dentelles. « Telle une nymphe aimée de Jupiter et alaitant l'enfant mythologique dans un bosquet du mont Olympe, à deux pas du palais des dieux. » Un jour que la foule affluoit autour d'elle : « Ah! Mesdames et Messieurs, s'écria la mère effrayée, n'écrasez pas et laissez respirer l'enfant du roi! » Bref, elle fit de sa paternité un si pompeux étalage, que Louis XV, ennuyé, lui enleva son fils et la renvoya dans sa province. — Ce n'est pas tout d'avoir péché, il faut encore être modeste.

Le roi disoit d'elle : « C'est une des merveilles de la nature. » Elle s'imaginoit que l'amour du roi lui resteroit longtems, mais sa maternité l'éloigna du roi au lieu de la rapprocher. Elle nourrit elle-même l'enfant qu'elle paroit du cordon bleu, même dans son berceau. Mais madame de Pompadour eut peur de cette rivale de bonne lignée ; elle représenta au roi le ridicule de cette fille qui s'enorgueillissoit tout haut de son enfant comme une autre s'enorgueillit d'une belle action. Louis XV laissa faire, si bien qu'un jour l'enfant fut enlevé à sa mère qui voulut mourir dans son désespoir ; mais ce n'étoit pas la mode alors. La belle créature se résigna à vivre pour retrouver, sinon l'amour du roi, du moins le fruit de son amour — style du tems.

Elle fut dix ans sans le retrouver. Ce ne fut que sous Louis XVI, à qui elle envoya les lettres de Louis XV avec l'extrait de l'acte de baptême. Louis XVI voulut que l'enfant lui fût présenté. On le reconnut à Lonjumeau, vêtu en paysan, ne sachant ni lire ni écrire. Mais quand on lui dit son origine, il regagna le temps perdu. Jamais enfant ne fut le plus vivant portrait de son père, par la figure et par l'esprit. Il devint l'abbé Bourbon « indolent, voluptueux, libertin comme Louis XV, le portrait de l'un étoit pris souvent pour le portrait de l'autre. »

L'abbé Soulavie dit qu'en 1792 mademoiselle de Romans gardoit les restes de sa souveraine beauté. « Mademoiselle de Romans a encore les plus beaux cheveux qu'on ait jamais vus. Ils descendent jusqu'aux genoux. Naguère, elle s'en couvroit comme d'un manteau. Mollement couchée sur un canapé de taffetas à bouquets, comme dans un lit de roses, elle recevoit Louis XV, à Brimborion, dans cette posture voluptueuse. Louis XV l'appeloit alors sa belle Madeleine, et il s'agenouilloit dans l'enchantement de ses attitudes devant la beauté de son corps [1] »

Elle s'appeloit alors madame de Cavanhac, car elle avoit fini par se marier. Elle portoit toujours ses admirables cheveux qui ne furent, dit-on, coupés que pour monter sur la guillotine, où, d'ailleurs, elle ne monta pas.

XI

Après mademoiselle de Romans, faut-il citer madame de Maillé-Brézé, femme de ce fameux maître des cérémonies à qui Mirabeau a dit le premier grand mot historique de la Révolution.

---

1. Aux plus curieux, nous dirons que, devenue madame de Cavanhac, mademoiselle de Romans mit au monde un fils, le marquis de Cavanhac, qui se

« Un excellent valet de monarchie, fort instruit des étiquettes de cour, sachant à merveille s'il faut ouvrir un seul ou deux battants. » Il ouvrit les deux battants pour Louis XV. On dit pourtant qu'il ne sut pas l'histoire de sa femme avec le roi. Elle avait loué une maison à Sèvres, disant à son royal amant : « Nous ferons chacun la moitié du chemin. »

Il y eut encore mademoiselle Tiercelin. Elle donna aussi un fils au roi Louis XV qui, l'ayant prise encore enfant, s'amusa, dans son abominable libertinage, à lui servir d'institutrice et de gouvernante. Mademoiselle Tiercelin ne voyoit que le roi qu'elle appeloit son geôlier : « Tu es laid comme une bête, » lui

---

distingua dans les guerres de l'Empire, et une fille, mariée à un grand d'Espagne, laquelle mourut sans enfant. Le grand hôtel Rougemont fut l'habitation de mademoiselle de Romans sur ses vieux jours. Il y a encore aujourd'hui un marquis de Cavanhac, petit-fils de la maîtresse de Louis XV.

Le curé de Saint-Philippe-du-Roule était petit-fils de l'abbé de Bourbon, qui n'était plus abbé du tout en 1793.

disoit-elle pour répondre à toutes ces douceurs. Mais elle a avoué elle-même qu'un peu plus tard, apprenant que c'étoit le roi, elle ne le trouva plus ni laid ni bête.

Enfin, puisque nous sommes au sérail, nous citerons encore madame de Sade, madame de Choiseul-Romanet, la baronne de Salis, qui ne céda que par violence et qui se tua de désespoir, « quoique ce ne fût pas la mode! »

Aussi, quand Louis XV fit son testament, il se recommanda à la sainte Vierge, à tous les saints, et surtout à saint Louis, son aïeul. « Ils intercéderont pour moi auprès de Jésus-Christ, mon divin sauveur et rédempteur, pour que j'obtienne le pardon de mes péchés. Je demande aussi pardon à tous ceux que j'ai offensés ou scandalisés. »

Et après avoir demandé qu'il soit fondé un service solennel, sans compter trois cent soixante-cinq messes pour le repos de son âme, non-seulement à Saint-Denis, mais à Versailles, il s'adressa à Dieu tout-puissant :
« O Dieu, qui connaissez tout, pardonnez-moi *de nouveau* toutes les fautes que j'ai faites et

tous les péchés que j'ai commis : vous êtes miséricordieux et plein de bonté ; j'attends, en frémissant de crainte et d'espérance, votre jugement; ayez en pitié mon peuple et mon royaume. » O bon roi, qui n'oublie personne!

La Du Barry ne jugeoit pas que Louis XVI fût un meilleur roi que Louis XV. Quand elle fut exilée, elle s'écria dans sa langue académique : Voilà un beau f..... commencement de règne; quand vint la Révolution, elle dit : « La fin est digne du commencement. »

Gazette d'un Curieux

I

'INTERRÈGNE des favorites est fini ; nous avons une nouvelle reine de la main gauche.

Ce règne promettant d'offrir de jolis scandales, je me suis engagé d'honneur, ce matin, vis-à-vis de moi-même, d'en être le fidèle historiographe au jour le jour. Je conserverai ainsi d'amusans souvenirs pour ma vieillesse : « Il faut amasser, » dit un ancien, et j'amasse. Je veux me réjouir moi-même en me relisant plus tard. Pour y arriver sûrement, je me suis juré d'écrire à tort et à travers tout ce qui se rapportera à la nouvelle favorite : anecdotes, impressions personnelles, petits vers, grands événemens de cour et querelles de boudoir.

Pour ne pas me faire bâiller moi-même par un plus long préambule, je commence à inscrire ce que j'ai appris ce matin.

La nouvelle reine s'appelle la comtesse Du Barry; mais M. de Richelieu m'a dit en confidence qu'il se rappeloit avoir vu cette jolie fille chez madame de La Garde, où elle avoit le nom de Vaubernier. M. de Richelieu, qui va partout, a ajouté qu'il l'avoit vue aussi, sous le nom de l'Ange, chez la *petite comtesse*. C'est ainsi que nous nommons cette femme utile et agréable que les gens mal élevés appellent la Gourdan.

C'est hier soir que madame Du Barry a soupé pour la première fois avec le roi. Outre Sa Majesté, il y avoit là M. le duc de Richelieu, le duc de La Vauguyon, gouverneur des enfans de France, le marquis de Chauvelin, et Le Bel, le premier du roi, qui faisoit discrètement le service. C'est ce dernier qui a découvert la nouvelle odalisque, avec l'aide d'un intrigant d'assez scandaleuse réputation, le comte Jean Du Barry, connu déjà sous le nom mal famé de comte de Serre. Ce comte, que l'on dit le beau-frère de la favorite d'aujourd'hui, fut son amant, et l'on assure qu'il savoit tirer de la belle d'assez beaux profits. S'il est vrai qu'elle demeure à la cour, cette affaire sera le plus beau parti qu'il en aura jamais tiré.

Le souper a été très gai; Sa Majesté paraissoit s'enflammer davantage d'heure en heure. On parloit mystérieusement ce matin d'une nouvelle Aurore et d'un nouveau Tithon.

Le Bel, huissier assermenté près les plaisirs de Sa Majesté, avoit la figure rayonnante. Il n'étoit question, ce matin, dans les antichambres du roi, que de l'abandon prochain du royal Parc-aux-Cerfs, livré par Sa Majesté au pillage de ses plus intimes.

Nous verrons bien.

*
* *

La nouvelle maîtresse du roi est vive, jolie, enjouée; son air de volupté vous prend tout de suite à la gorge. Le roi est de cet avis, car il a déclaré, hier matin, que jamais il n'avoit trouvé tant de charmes dans l'amour. Le Bel, devant qui Sa Majesté faisoit cette confidence, s'est contenté de sourire; mais M. le duc d'Ayen, qui se trouvoit là, n'a pu s'empêcher de faire cette remarque entre haut et bas, de façon que le roi l'entendît : « On voit bien que Sa Majesté n'est jamais allée voir les filles. » C'était un coup de langue à deux tranchants.

Madame Du Barry est installée à Versailles ; elle y a déjà ses appartemens et son service. Je l'appelois hier odalisque : il paraît, en effet, qu'avant le souper, elle s'étoit fait baigner à l'orientale, et avoit paru devant le roi dans un déshabillé voluptueux qu'envieroit la sultane favorite du Grand Seigneur. Il faut que la nouvelle Aurore ait ouvert de ses doigts de rose les portes d'un ciel inconnu au nouveau Tithon, car celui-ci ne veut plus quitter l'orient. Il assiste à la toilette de cette belle fille de la terre, et quoique sentant sa vieillesse, il prie les dieux de ne le point changer encore en cigale, comme l'ancien Tithon.

J'ai appris que le comte Du Barry ou de Serre avoit fait la connaissance de mademoiselle l'Ange chez la marquise Du Quesnaye, maîtresse d'un tripot de la rue de Bourbon. On m'affirme en même temps que la l'Ange s'y faisoit nommer mademoiselle de Vaubernier; qu'avant d'être la maîtresse du comte Jean Du Barry, elle vivoit avec sa mère des enfants prodigues qui fréquentent ordinairement ces sortes de maisons.

Voilà qui s'annonce bien, et qui me promet pour bientôt de piquantes révélations sur la comtesse. Je me réjouis, en même tems, de savoir comment le roi prendra les choses, lorsqu'il connaîtra le passé de sa déesse.

.·.

Madame Du Barry accapare tous les momens du roi. « Le roi ne s'ennuie plus ! » s'écrient tous les courtisans surpris. Et tous viennent courber leur front devant la déesse qui a opéré ce miracle. Elle est d'une bonne humeur, d'une vivacité, d'un sans-gêne qui ravissent tout le monde.

Mais on parle déjà d'un parti qui se forme pour combattre l'influence que cette syrène conquiert chaque jour sur le roi. Madame la duchesse de Grammont, la sœur de M. le duc de Choiseul, est à la tête de ce parti des mécontens.

On vient de me faire passer à l'instant la copie d'une chanson qui bientôt va se chanter publiquement dans les rues de Paris. Elle porte l'autorisation de la police en date du 16 de ce mois, et l'on assure qu'elle a la nouvelle favorite pour objet. Les satiriques n'ont pas perdu de tems : avec l'aide de M. de Choiseul et de madame de Grammont, nous allons avoir de jolis petits scandales qui vont faire rire les philosophes. En attendant, voici la chanson, qui n'est pas aussi méchante qu'elle en a l'air :

La Bourbonnaise
Arrivant à Paris,
A gagné des louis;
La Bourbonnaise
A gagné des louis
Chez un marquis.

Pour apanage,
Elle avoit la beauté,
L'esprit, la volupté,
Pour apanage;
Mais ce petit trésor
Lui vaut de l'or.

Etant servante
Chez un riche seigneur,
Elle fit son bonheur
Quoique servante;
Elle fit son bonheur
Par son humeur.

Toujours facile
Aux discours d'un amant,
Ce seigneur la voyant
Toujours facile,
Prodiguoit des présens
De tems en tems.

De bonnes rentes
Il lui fit un contrat,
Il lui fit un contrat
De bonnes rentes;
Elle est dans la maison
Sur le bon ton.

De paysanne
Elle est dame à présent,
Elle est dame à présent,
  Mais grosse dame;
Porte les falbalas
  Du haut en bas.

En équipage
Elle roule grand train,
Elle roule grand train
  En équipage,
Et préfère Paris
  A son pays.

Elle est allée
Se faire voir en cour,
Se faire voir en cour
  Elle est allée;
On dit qu'elle a, ma foi,
  Plu même au roi!

Fille gentille,
Ne désespérez pas :
Quand on a des appas,
  Qu'on est gentille,
On trouve tôt ou tard
  Pareil hasard.

*
* *

On m'a raconté hier, au jeù de madame de Brionne, une aventure de madame Du Barry qui fait honneur à la sensibilité de son cœur, mais surtout à la justesse de son esprit. Nous n'avons fait que parler d'elle. Madame de Grammont, dont madame de Brionne est pour ce moment la plus *chère amie*, a prié ces jours-ci M. de Sartines, le lieutenant de police, de mettre en campagne ses plus fins limiers pour découvrir le passé de madame Du Barry. Il nous est revenu, par cette voie, une jolie collection d'anecdotes scandaleuses. Plusieurs me paraissent mériter confirmation; aussi ne dirai-je aujourd'hui que l'histoire de ses amours avec un petit commis de la marine, appelé Duval.

Il paraît que, sous le nom de *Lançon*, madame Du Barry avait été placée chez un sieur Labille, marchand de modes. Ce n'est que plus tard qu'elle a été chez madame de La Garde. L'on prétend que c'est pendant son séjour chez le sieur Labille qu'elle alloit quelquefois en retraite chez l'abbesse Gourdan.

⁂

J'ai fait une importante découverte. Madame de Brionne, par amitié pour madame de Grammont, remue ciel et terre pour trouver des renseignemens scandaleux sur le passé de madame Du Barry. On compte les faire parvenir au roi et le dégoûter de sa nouvelle maîtresse. C'est pour arriver à ces fins qu'on a tout mis en l'air dans les bureaux de la police. On veut surtout se procurer des lettres signées de mademoiselle Lançon, de Vaubernier ou de l'Ange. On en a déjà. J'en ai vu plusieurs ce matin chez madame de Brionne. Le chevalier de l'Isle appelle l'hôtel de cette dame « bureau de poste ».

Le Bel a dit au roi, qui s'étoit réveillé avec de riantes idées :

« Ah! Sire, je suis un homme perdu; je me reconnois indigne des bontés dont m'honore Votre Majesté! — Et, pourquoi, mon pauvre Le Bel? Le feu est-il à Trianon? Y a-t-il une révolte au sérail à cause de ma jolie comtesse? — Il y a, Sire, que je suis un misérable qui me suis laissé tromper comme un sot; il y a, que j'ai trompé moi-même Votre Majesté, et que je mourrai de douleur si je n'obtiens mon pardon et la grâce que je vais vous demander. — Parle, Le Bel, parle! Je suis ce matin disposé plus que jamais à la clémence et à la bonté. Mais relève-toi, j'ai envie de rire en voyant la laide figure que tu fais là, à genoux, avec tes longues jambes et ta maigre échine. Si M. le duc d'Ayen te voyoit ainsi, il te compareroit à un faucheux dont on a coupé les pattes. Voyons, parle! — Sire, en vous présentant madame Du Barry, je croyois qu'elle étoit comtesse : il n'en est rien, elle n'est pas même mariée! — Bon Dieu! s'écria le roi, que me dis-tu là, Le Bel? Madame Du Barry n'est pas mariée? Et comment s'appelle-t-elle? — Je ne sais, Sire; elle a pris déjà quatre ou cinq noms, mais je doute qu'elle en ait jamais porté un qui fût bien à elle. — Diable! dit le roi en riant, c'est grave cela, Le Bel. Cette pauvre comtesse ne peut pas rester ainsi fille et sans nom. Il faut lui trouver un mari. — Sire, je répète à Votre Majesté que j'ai été indignement trompé, et la grâce que je la suppliois tout à l'heure de m'accorder, c'est d'oublier... — Oublier quoi? demanda vivement le roi. — Oublier madame Du Barry, acheva Le Bel en se remettant à genoux.

Le roi se met à rire comme jamais cela ne lui étoit arrivé de sa vie. — Connois-tu, dit-il, les contes de fées? — Non, Sire; mais... — C'est dommage, dit le roi, tu aurois su alors qu'il n'est pas rare, parmi les princes de Perrault, d'en voir qui épousent de simples bergères. Or, j'ai toujours eu envie de faire, pendant mon règne, quelque action d'éclat comme on n'en voit que dans les contes de fées. Si j'épousois la comtesse, que dirois-tu?

Le Bel tomba à la renverse.

* *
*

Notes de madame de Grammont.

« Marie-Jeanne Gomart, de Vaubernier, est née, en 1744, à Vaucouleurs, ni plus ni moins que la pucelle d'Orléans. C'est pour cela qu'elle veut, dit-on, sauver la France en amusant le roi.

« Son père était un petit rat de cave. M. Billard du Monceau, se trouvant par hasard à Vaucouleurs, fut prié par la femme du directeur des aides de nommer avec lui l'enfant nouveau-né. Huit ans après, le père de Marie-Jeanne étant mort, sa femme vint à Paris trouver M. Billard du Monceau, à qui elle amenoit sa fille. Le financier plaça sa filleule à la communauté de Sainte-Aure, et fit entrer la mère, comme femme de charge, d'abord chez la veuve d'un financier, puis chez sa maîtresse, mademoiselle Frédéric.

« C'est à l'époque où Marie-Jeanne d'Arc étoit à Sainte-Aure qu'elle reçut la lettre suivante de l'abbé de Bonnac, son amant, aujourd'hui évêque d'Agen.

« Te voilà à Paris, ma petite reine, et l'on vient de me dire que tu en reviendras ce soir: mais comme je serais bien aise de te voir en particulier et sans que M. de Marcieu puisse, comme il le fait ici, troubler nos tête-à-tête, je t'envoye mon valet de chambre pour t'engager à remettre ton retour à demain. Je serai ce soir à Paris, Dumont ira te prendre dès que je serai arrivé. Je me réjouis de te voir en liberté. Outre le plaisir que j'aurai d'être avec toi, j'ai mille choses à te dire, qui, j'imagine, ne te déplairont pas. Il ne tiendra qu'à toi d'avoir un sort heureux. Je ne te demande que d'être un peu moins étourdie, et d'avoir la circonspection qu'exige mon état; je saurai bien t'en dédommager. A revoir, ma petite Manon ; je suivrai de près mon billet, car je t'aime à la folie.

« L'Abbé de Bonnac. »

« Voici ce que répondit Manon :

« *A l'Abbé de Bonnac.*

« Monsieur l'Abbé,

« Vous m'avez fait bien des promesses, quand vous avez commencé à m'aimer. J'étois pour vous votre petit ange, votre petit cœur, et vous me disiez que je n'aurois qu'à désirer. Cependant je vous ai demandé une petite robe de taffetas; vous m'avez toujours dit que quand vous viendriez ici vous me la donneriez, et vous avez déjà fait trois voyages sans penser à moi : si j'avois sçu tout le prix de ce que je vous ai donné, je ne me serois pas laissée aller si facilement. Vous savez que je vous ai préféré à M. de Marcieu, et je crois qu'il auroit eu plus de bonne foi que vous. Si vous ne me donnez pas ma robe dimanche, je dirai à madame ce que vous m'avez fait, et je pleurerai tant qu'elle me pardonnera et vous grondera. Adieu, monsieur l'Abbé, je suis votre très-humble servante.

« Manon Vaubernier. »

« Ce M. de Marcieu, dont parle l'Abbé dans sa lettre, était le maréchal de camp qui était alors colonel, et qui fut aussi l'un des amants de la pensionnaire de Sainte-Aure. Comme on le voit, Manon aimait déjà l'épée et la soutane, comme plus tard elle devoit aimer la finance et la robe. C'est une bonne âme.

« Pour bien comprendre les lettres suivantes, il faut savoir que Manon sortit de Saint-Aure pour entrer dans le magasin de modes d'un sieur Labille. Mais ses aventures amoureuses ne lui suffisant pas, elle alloit chez la Gourdan, qui vendit plusieurs fois la vertu de Marie-Jeanne d'Arc, laquelle eut autant de vertus qu'elle a pris de noms.

« La grande dame dont parle Manon dans la lettre à sa mère, étoit la *petite comtesse*, ou pour mieux dire, cette Gourdan qui avoit entendu parler de son air décidé, de son amour des parures, et de ses heureuses dispositions à tout faire.

« Ma chère mère,
« Je suis très-bien dans la maison où vous m'avez placée. M. et madame Labille me font bien des amitiés. Il vient toute la journée bien du beau monde, et je ne puis me lasser de toutes les belles choses que j'y vois. Tout ce qui me fait de la peine, c'est de ne pouvoir être aussi parée que mes camarades. Elles m'ont dit que ce métier étoit très-bon ; aussi je vais bien travailler pour tâcher de pouvoir gagner de l'argent comme elles.

« Il y a une grande dame qui est venue hier

acheter quelque chose dans la boutique; je crois que je lui ai plu, car elle paroît s'intéresser à moi. Elle m'a donné son adresse, et m'a dit de l'aller voir quand je pourrois. Sûrement elle me veut du bien, et demain je tâcherai d'y aller. Vous avez bien dépensé pour me mettre ici, mais cela ne sera pas perdu. Je suis bien sûre que nous ne serons pas toujours pauvres; et si je puis devenir riche, vous le serez aussi. Adieu, ma chère mère, je suis votre fille.
« Manon Lançon. »

« Monsieur l'Abbé,
« Si je ne vous ai dit hier mon nom et mon adresse, c'est que madame Gourdan me l'avoit défendu. Elle n'avoit pas voulu aussi me dire qui vous étiez. Mais je l'ai su par hasard, car vous avez laissé tomber une lettre que j'ai mise dans ma poche. Je vous la renvoie et je profite de cette occasion pour vous assurer de mon respect et vous prier de bien vouloir me continuer vos bontés.
« Tu m'as promis de m'entretenir et de me

faire du bien : je compte sur ta parole. Je te dirai que tu m'as fait bien du chagrin ; je suis malade aujourd'hui, mais je crois que ça ne m'empêchera pas de te revoir jeudi chez madame Gourdan. Je dirai à ma maîtresse que j'irai chez ma mère. Tu m'as promis de me donner une montre, tu me l'apporteras, n'est-ce pas? Adieu, mon bel Abbé, je vous aime autant que vous êtes aimable, et c'est beaucoup.
« Manon Lançon, chez M. Labille,
« Marchand de modes, rue St-Honoré. »

« Comme on le voit par les deux lettres qui précèdent, la nouvelle pucelle de Vaucouleurs ne se ménageoit pas. Une aventure qui lui arriva bientôt ralentit cependant l'ardeur qui la portoit si souvent à visiter la petite comtesse.

« Un jour qu'elle avoit reçu le message convenu d'avance, elle se rendit chez la Gourdan. Là, elle fut prévenue qu'un financier désiroit trouver une ingénue qui pût le consoler de la maîtresse qu'il avoit récemment perdue.

L'Ange répondit que son devoir étoit d'apaiser toutes les douleurs, surtout les douleurs de financiers

« Elle entre dans un boudoir réservé, et se trouve avec son parrain. C'étoit le financier que la Frédérick, sa maîtresse, venoit d'abandonner, après avoir fait chasser de chez elle la mère de l'Ange.

« Ce fut M. du Monceau qui, le premier, reconnut sa nièce dans la pucelle que lui avoit promise la Gourdan.

« Furieux, il leva sa canne : « Comment ! c'est toi, malheureuse, que je trouve ici ! »

« La Gourdan se jeta au-devant de la terrible canne.

« Monsieur, s'écria-t-elle, vous vous trompez ! — Retirez-vous, dit le financier, et laissez-moi punir comme il convient une filleule qui me déshonore ! — Votre filleule ! dit la Gourdan ; si c'est votre filleule, il faut lui pardonner plus qu'à toute autre un moment d'erreur. Cette pauvre petite a été entraînée ici par les conseils intéressés d'une de mes femmes. Elle est innocente de toute mauvaise intention, je vous jure. C'est son ingénuité qui l'a perdue! — Retirez-vous, maudite entremetteuse! Laissez-moi lui payer ceci et l'arriéré, car elle a fait ses preuves au couvent de Saint-Aure.

En disant ces derniers mots, M. de Monceau voulut frapper sa filleule.

« — Mais, mon parrain, s'écria celle-ci en reculant, y a-t-il donc du mal à se trouver dans un lieu où vous venez vous-même?

« Ici, le vieux financier ne connut plus de bornes à sa fureur; il se jeta sur sa filleule. La Gourdan intervint, et n'eut pas peu de peine à préserver l'Ange des coups de bâton dont elle étoit menacée. M. du Monceau sortit en maudissant tout le monde.

« Quelques jours après cette scène, la demoiselle Lançon écrivit cette lettre à son parrain :

« *A M. Billard du Monceau.*

« Monsieur et très-cher parrain,

« Depuis que nous nous sommes rencontrés chez madame Gourdan, et que vous avez été si fâché contre moi de m'y trouver, j'ai toujours été dans le chagrin de voir que j'avois perdu votre amitié ; mais je puis vous assurer que je n'y suis pas retournée depuis. Je suis toujours chez M. Labille où l'on est très-content de moi. Voulez-vous me permettre de souhaiter au commencement de cette année tout ce qui peut contribuer à votre bonheur. Je vous prie aussi de me rendre votre amitié, qui m'est bien chère. Je n'ose vous aller voir, dans la crainte que vous le trouviez mauvais.

« C'est ma chère mère qui vous portera cette lettre. Je vous souhaite, monsieur et cher parrain, une bonne et heureuse année accompagnée de plusieurs autres, et je prie le bon Dieu de vous conserver. Je suis avec le plus profond respect,

« Monsieur et très-cher parrain,
« Votre obéissante filleule,
« MANON VAUBERNIER. »

« Peu de tems après, le comte Jean Du Barry, l'un des plus assidus visiteurs de la marquise Du Quesnaye, enleva mademoiselle l'Ange de Vaubernier, qui ne fit pas beaucoup de difficultés, ainsi qu'on peut le voir par les deux lettres suivantes :

Du comte Du Barry.

« Je vous ai déjà parlé plusieurs fois en par-
« ticulier, ma belle Demoiselle, pour vous
« engager à venir demeurer chez moi. Mais je
« n'ai pu vous faire sentir toutes les raisons
« qui doivent vous y déterminer et tous les
« avantages que vous pouvez en tirer. Je vais
« donc m'expliquer plus ouvertement. Vous
« serez d'abord la maîtresse de mon cœur, et
« en cette qualité la souveraine de mon hôtel,
« où vous commanderez à tous mes gens, qui
« seront désormais les vôtres. Comme je suis
« répandu dans tout ce qu'il y a de mieux,
« tant à la cour qu'à la ville, vous ne serez pas
« étonnée de voir chez moi, ou plutôt chez
« vous, des marquis, des ducs, des princes
« même, qui se feront honneur de vous pré-
« senter leurs hommages. Vous paroîtrez sur
« un ton imposant, et, pour cet effet, vous ne

« manquerez ni de robes ni de tout ce qui
« pourra vous égaler aux femmes du premier
« rang. Je tiens chez moi, une fois par se-
« maine, une assemblée brillante ; vous y
« régnerez, vous en ferez les honneurs, et
« vous recevrez les vœux et les adorations de
« tous ceux qui vous approcheront. Une fois
« chez moi, je vous instruirai de la manière
« dont il faudra vous conduire pour bien gou-
« verner votre barque ; mais ce sera pour vous
« l'affaire d'un moment. Avec tous les talents
« et les grâces qui vous accompagnent, vous
« ne pouvez manquer de plaire à tous ceux
« qui vous verront. Faites vos réflexions et
« consentez. J'irai demain chez la marquise
« Duquesnaye pour y recevoir votre réponse.
« Je suis en attendant, avec le plus inviolable
« attachement,

  « Ma belle Demoiselle,

   « Votre bel ami,

    « Comte Du Barry. »

A madame Lançon.

« Mon suisse, ma chère maman, vous a dit
« hier que je n'y étois pas. Cela ne seroit pas
« arrivé, si j'eusse été prévenue que vous dus-
« siez venir. Mais l'assemblée d'avant-hier a
« été prolongée si avant dans la nuit, que je
« me suis levée hier beaucoup plus tard qu'à
« mon ordinaire. Je n'ai jusqu'à présent qu'à
« me louer de mon nouvel établissement : le
« comte paroît m'être très-attaché ; il ne me
« refuse rien et s'empresse de satisfaire tous mes
« désirs. Nos assemblées sont très-brillantes ;
« l'accueil que j'y reçois, le nombre et la qua-
« lité des personnes que j'y vois, tout me donne
« lieu de croire que, s'il prenoit fantaisie
« au comte de se raccommoder avec celle que
« j'ai remplacée, ou que si quelque autre évé-
« nement venoit à rompre notre union, je
« pourrois facilement, et sans perdre au
« change, trouver un autre établissement. Au
« reste, je ne veux pas m'occuper de l'avenir ;
« les réflexions m'ennuyent, et je ne sais que

« jouir du présent. Adieu, ma chère maman,
« le porteur de cette lettre vous remettra six
« louis. Venez me voir demain, à onze heures;
« ne dites pas que vous êtes ma mère, et de-
« mandez-moi sous le nom de mademoiselle
« l'Ange, que je porte à présent.

« Vaubernier l'Ange. »

« La jeunesse de madame Du Barry est une vie des plus compliquées, où la police même n'a pas toujours vu clair. Ainsi, je sais qu'avant d'entrer chez madame Du Quesnaye, elle a passé quelque temps chez madame de La Garde, où, comme elle l'a écrit, elle se fit aimer des deux fils de cette dame ; mais je manque de détails à ce sujet. »

*
* *

Ce matin a lieu à la paroisse Saint-Laurent le mariage de mademoiselle de Vaubernier avec le comte Guillaume Du Barry. Le roi a paru très satisfait de ce mariage : on diroit qu'il est délivré d'une grande inquiétude. C'est le notaire Le Pot, d'Auteuil, qui a passé le contrat. On raconte que, pour user du privilége usité parmi ses confrères, il a voulu embrasser la nouvelle mariée. Celle-ci opposa une certaine résistance ; mais le comte Jean, qui est maintenant le vrai beau-frère, l'engagea à se laisser embrasser par l'officier public ; en même temps il s'adressa à ce dernier et lui dit : « Souvenez-vous bien, monsieur, de cette faveur dont un roi seroit jaloux. » Le malheureux notaire est au désespoir depuis qu'il a appris ce que vouloient dire ces paroles. C'est un baiser de notaire qui lui coûte gros ; à moins que son insistance ne l'ait bien placé dans l'esprit de la comtesse.

Le comte Guillaume est un gros garçon, l'air assez spirituel, mais qui a dû passer sa jeunesse dans la débauche et les mauvaises compagnies. C'est le puîné du comte Jean.

On avoit pensé d'abord à donner pour mari à mademoiselle de Vaubernier le cadet de la famille : c'est un jeune homme intègre et sage, qu'on nomme le comte d'Hargicourt, et qu'on commence déjà à appeler à Versailles *l'honnête homme*. Il va sans dire que le comte Jean a compris bien vite qu'il refuseroit l'honneur qu'on vouloit lui réserver. Le comte Guillaume n'a fait que peu de difficultés.

Toute la famille de madame Du Barry est arrivée à Versailles. En plus du comte Jean, qu'on appelle le *Grand Roué*, du comte Guillaume surnommé par quelques-uns le *Sac à vin*, et du comte d'Hargicourt, cette famille se compose encore de deux belles-sœurs, assez provinciales, à peine assez jolies, mais très-vives. Ce sont deux Gasconnes parisiennes, ou qui ne tarderont pas à le devenir. Elles sont bien moins jolies que madame la comtesse Du Barry leur belle-sœur, mais elles ont le charme agréable de la jeunesse et de l'esprit. Le roi, qui aime les sobriquets ridicules, et qui a donné le nom de *Loque* à madame Victoire, le nom de *Graille* à madame Adélaïde, et le nom de *Chiffe* à madame Sophie, le roi a eu bientôt fait de trouver les surnoms pour les demoiselles Du Barry. L'aînée, qui s'appelle Isabelle, a été surnommée *Bischi*, je ne sais trop par quelle fantaisie du maître. La cadette, qui se nommait Fanchon, est maintenant appelée la *petite Chon* ou la *grande Chon*, selon les circonstances. Cette dernière surtout a apporté de sa province une diplomatie instinctive, une finesse d'esprit, une malice d'observation qui la rend précieuse aux yeux du roi. Sa Majesté la fait déjà sauter sur ses genoux, et s'amuse beaucoup à lui faire réciter des vers patois de son pays.

C'est une rage dans la maison que les sobriquets. En femme habile, madame Du Barry a voulu flatter la manie du roi, et elle lui a donné le nom de *La France*, ce qui est une double flatterie.

Rien n'égale d'ailleurs la liberté de langage qu'a su conquérir la comtesse. Le roi a l'habitude de faire son café lui-même après dîner ; il y a trois jours, pendant que la cafetière étoit sur le feu, Sa Majesté étoit à papillonner, lui qui n'a plus d'ailes, autour de madame Du Barry ; elle se posoit des mouches devant sa psyché, lorsqu'on entendit le bruit du café qui bouilloit et tomboit dans le feu : « Eh ! *La*

France, cria la comtesse en riant, va donc voir, voilà ton café qui f... le camp. »

Qu'auroit dit le grand roi, si madame de La Vallière ou madame de Montespan eussent parlé ainsi? Les temps sont changés : nous ne sommes plus au règne de Louis le Grand, mais bien au règne de Louis le Bien-Aimé.

Le comte Guillaume est reparti pour Toulouse, ce soir même, jour de son mariage : il emporte une jolie dot. C'est le roi qui a sa procuration pour la fin de la noce.

⁎
⁎ ⁎

Les intrigues se forment, se nouent et se dénouent, pour empêcher que madame Du Barry ne soit présentée à la cour. Mais elle a aussi ses partisans enthousiastes. Tous les ambitieux qui savent le profit qu'on peut retirer des foiblesses d'une jolie femme viennent faire leur cour à la nouvelle maîtresse. Le duc d'Aiguillon, le duc de Richelieu, le duc de La Vauguyon, le prince de Soubise, le marquis de Chauvelin, le nouveau chancelier, Maupeou, et jusqu'au comte de Montbarrey, petit fat sans talens, toute la cohue de l'Œil de Bœuf, tous les roués qui jouent à la Régence viennent offrir leurs sermens et leurs services à la favorite. Le parti Choiseul, recruté parmi les amis de la sœur du ministre et qui ne compte que les créatures du ministère, est un parti petit par le nombre, mais qui présente une grande résistance. Il tient toutes les places importantes du royaume, et les faveurs jusqu'ici pleuvent par ses mains.

D'un autre côté, le roi est faible et n'aime pas à résister. Il est habitué au Choiseul, qu'il regarde comme l'homme indispensable, l'appui et le sauveur du royaume; il craint les représentations de mesdames royales, qui s'indignent hautement de l'obligation où on veut les mettre de recevoir une fille. Mais cette foiblesse du roi fait la force de madame Du Barry et de ses partisans. Jamais maîtresse n'a su prendre autant d'influence sur l'esprit et les sens de notre vieux monarque. Elle l'a rajeuni, transformé, métamorphosé. « C'est une fontaine de Jouvence pour les blasés, » a dit quelqu'un. Aussi le *Grand Roué*, le chef, la tête de toutes les intrigues, compte-t-il beaucoup sur l'ascendant de sa belle-sœur. Tout en affectant de paroître rarement à la cour, c'est-à-dire dans les appartemens réservés de la comtesse Du Barry, le comte Jean n'en reste pas moins son conseiller intime. Les plus petites choses ne lui échappent pas. Un service journalier de courriers est organisé entre sa belle-sœur et lui. Souvent la comtesse va lui rendre visite à Paris.

Le roi oublie tout, néglige tout, brave tout, les yeux fermés. « Après nous, la fin du monde! » dit-il souvent en embrassant la comtesse. Et celle-ci d'applaudir en riant : « Tu as bien raison, La France. »

Cependant, malgré l'empire qu'exerce déjà sur l'esprit du roi la comtesse Du Barry, beaucoup de personnes bien en cour affirment que le roi n'osera pas la faire présenter. Des paris s'ouvrent chaque jour. « Je parie mille louis, dit l'un, que l'Ange emportera la *Loque* et la *Chiffe*. — Je tiens, répond un autre, que *Graille* mettra l'Ange à la porte. »

Le duc de Richelieu me disoit ce matin : « Ce Choiseul est un nigaud, il oublie la Pompadour. Un moment viendra où il tombera : le gros ballon de sa vanité sera crevé par les coups de *greluchon*. » Le greluchon est une espèce d'épingle employée dans une coiffure inventée, dit-on, par madame Du Barry, quand elle étoit la maîtresse du perruquier Lamet. Les filles seules se servent de cette coiffure et du greluchon.

* * *

Le chevalier de Boufflers vient de me faire passer une très jolie chanson sur madame Du Barry. Cette petite poésie a ce double mérite qu'elle plaira à la comtesse autant qu'elle va plaire à ses ennemis : Les Choiseul comme les Du Barry y trouveront lieu de s'applaudir :

> *Comtesse, ta beauté séduit*
>   *Et charme tout le monde.*
> *En vain la duchesse en rougit*
>   *Et la princesse en gronde,*
> *Chacun sait que Vénus naquit*
>   *De l'écume de l'onde.*

En vit-elle moins tous les dieux
   Lui rendre un juste hommage?
Et Pâris, le berger fameux,
   Lui donner l'avantage,
Même sur la reine des cieux
   Et Minerve la sage?

Dans le sérail du grand seigneur,
   Quelle est la favorite?
C'est la plus belle au gré du cœur
   Du maître qui l'habite.
C'est le seul titre en sa faveur,
   Et c'est le vrai mérite.

Que Grammont tonne contre toi,
   La chose est naturelle.
Elle voudrait donner la loi
   Et n'est qu'une mortelle :
Il faut, pour plaire au plus grand roi,
   Sans orgueil être belle.

*
* *

On a fait circuler hier au cercle de mesdames une lettre attribuée à madame Du Barry. Cette lettre auroit été écrite dans le tems que la comtesse demeuroit chez le comte Jean.

Mesdames ont été fort scandalisées ; madame Adélaïde surtout jetoit les hauts cris, pour mieux faire oublier, sans doute, que nous avons sous les yeux une preuve visible de sa chasteté.

Cette lettre ayant donné lieu au duc d'Ayen de dire au roi un de ces mots cruels comme il s'en permet si souvent, je la considère comme historique, et je la copie tout au long.

« *A M. Radix de Sainte-Foix,*
« *trésorier général.*

« 6 décembre 1767.

« Je suis, mon cher Sainte-Foix, dans le plus
« grand désespoir; vous n'imagineriez jamais
« jusqu'où Du Barry pousse les mauvais pro-
« cédés à mon égard. Je suis lasse d'être en
« butte à ses emportemens et même à sa bru-
« talité. Si j'ai trouvé chez lui quelques agré-
« mens, ils sont si fort éclipsés par les caprices
« dont je suis la victime, que je suis totale-

« ment décidée à m'y soustraire et à rompre
« avec lui. Dans le nombre des hommes que
« j'ai eu occasion de voir dans sa maison, vous
« êtes un de ceux que j'ai le plus distingués :
« vous m'avez paru doux et d'un commerce
« facile. S'il y a quelque sincérité dans toutes
« les belles choses que vous m'avez dites, et
« dans les propositions que vous m'avez faites,
« voici une belle occasion de me le prouver.
« Mais songez que je veux un arrangement sé-
« rieux : sans cela plus d'intimité entre nous.
« Je ne suis embarrassée que du choix, vous
« le savez; mais je vous aime, profitez-en.
« Nous y gagnerons tous deux, puisque vous
« aurez le plaisir de posséder exclusivement
« une maîtresse qui peut passer pour être
« agréable, et que j'aurai, de mon côté, la joie
« de n'être plus l'esclave de mon tyran. Adieu ;
« mettez autant de promptitude dans votre ré-
« ponse que dans vos réflexions. Je suis, si
« vous le voulez, toute à vous.

« LANGE. »

Ce matin, au petit lever du roi, on fit plus d'une allusion à cette lettre. Le roi saisit quelques mots; il se tourna vers le duc d'Ayen, qui tenoit, comme toujours, le dé de la raillerie.

« Ne parlez-vous pas de succession? — Oui, Sire, je dis qu'il faut bien qu'un roi de France succède à quelqu'un. — J'entends, reprit le roi, vous voulez dire que je succède à Sainte-Foix? — C'est cela, Sire, absolument comme Votre Majesté succède à Pharamond. »

Madame Du Barry n'a pas tort d'appeler le duc d'Ayen « la bête enragée » ; quand il mord, les blessures sont mortelles. Heureusement que, comme Achille, l'Ange n'est vulnérable qu'au talon, et qu'il n'y a que le roi qui puisse atteindre là.

La comtesse Du Barry succède à tous les titres et à toutes les prérogatives de feue madame de Pompadour. Aujourd'hui le roi a fait déloger le comte de Noailles, gouverneur du château, pour donner son appartement à madame Du Barry. Cet appartement est celui de la dernière favorite. Jusqu'à présent, la comtesse habitoit chez Le Bel, ce qui faisoit dire au duc de Richelieu que quand la Poisson n'étoit plus là, il y avoit encore du poisson.

.*.

Hier, dans une petite assemblée d'amis de la Gourdan (car je vais un peu partout, par métier de curiosité), on m'a conté une anecdote que je trouve amusante. Toutes les personnes présentes ont connu mademoiselle l'Ange, et m'ont affirmé que la *petite comtesse* n'étoit pas une inconnue pour la nouvelle comtesse.

C'est le chevalier de l'Isle qui nous conta l'histoire :

Madame Du Barry va souvent dans la rue des Petits-Champs rendre visite au comte Jean Du Barry, qui lui sert de conseiller intime et la dirige, dit-on, au milieu des intrigues de la cour. N'est-il pas juste qu'il soit son directeur spirituel après avoir si bien été son directeur corporel ?

Mardi dernier, la comtesse se trouvoit seule dans l'appartement de son beau-frère, qu'elle attendoit avec impatience, pour lui demander quelques instructions savantes sur la manière de vaincre les difficultés qui s'opposent à sa présentation. Tout à coup la porte du salon où elle se tenoit s'ouvrit et apparut un étranger.

C'étoit une façon d'Italien, teint hâlé, vêtu à la mode de l'an passé. — En apercevant la comtesse, il s'élance vers elle, les bras grands ouverts, en faisant entendre une exclamation joyeuse. La comtesse recule effrayée.

« Eh quoi ! ma belle Manon, le soleil m'a-t-il donc tant défiguré, que tu ne reconnaisses plus le meilleur de tes amis ?

— Monsieur, je ne vous ai jamais vu, ce me semble !

— Tu n'as jamais vu ton petit de Coigny ? ce pauvre Coigny qui t'a quittée il y a un an pour aller payer ses dettes en Corse ? Ah ! ma chère Manon, tu n'as pas la mémoire du cœur !

— M. de Coigny ? Ah ! oui, je me rappelle... Mais, monsieur, nous ne devons plus nous revoir : je suis mariée ; ne le saviez-vous pas ?

— Mariée! s'écrie le duc de Coigny. Eh bien, tant mieux! l'union fait la force, nous serons trois à être heureux, nous serons donc trois fois heureux! »

Le jeune fou, en répétant ce tant mieux, se rapprocha de la comtesse avec une pantomime de plus en plus expressive.

Madame Du Barry échappa encore à l'étreinte qui là menaçoit; elle tira violemment le cordon d'une sonnette : un valet parut aussitôt.

« Appelez les gens de M. le duc, et avertissez-les que M. le duc veut s'en aller. »

Le duc de Coigny salua cérémonieusement la sévère Manon, et sortit tout émerveillé. Mais il le fut bien davantage quand il apprit que la jolie Manon, l'amoureuse si gaie, cet ange si démon qu'il avoit connu l'année dernière, étoit devenue une grande dame, marchant presque sérieusement dans la vie, en donnant la main droite au comte Guillaume Du Barry, et la main gauche au roi de France.

Le duc s'est hâté de réparer autant qu'il le pouvoit sa légèreté et son impertinence. Il a écrit une lettre à madame Du Barry; personne n'a vu cette lettre, mais on fait courir une réponse de la comtesse; la voici :

« Paris, 11 janvier 1769.

« J'ai reçu votre lettre d'excuse, monsieur le
« duc, et je veux bien vous pardonner. Je suis
« bonne, et ne conserve jamais de rancune;
« mais rappelez-vous le proverbe : « Ne touchez
« pas à la hache. »

« Comtesse Du Barry. »

Pourquoi n'a-t-elle pas dit : *Ne touchez pas
à la reine ?*

***

Le duc d'Aiguillon vient de recevoir de madame Du Barry la lettre suivante :

« Vous êtes trop mon ami, monsieur le duc,
« pour que je ne saisisse pas avec empressement
« toutes les occasions de vous rendre service.
« J'ai donc demandé au roi son agrément pour
« la charge de commandant des chevau-légers
« de sa garde que vous voulez acheter : « Mais,

« m'a-t-il dit, le duc de Choiseul la demande
« pour le vicomte de Choiseul. — En ce cas,
« lui ai-je répondu, c'est une raison de plus
« pour me l'accorder, parce qu'il faut un peu
« le punir de son animosité et de sa méchan-
« ceté à mon égard. » Sa Majesté a souri et
« m'a dit qu'elle ne pouvoit me rien refuser.
« Ainsi vous voilà content et moi aussi. Mes
« complimens à ma bonne amie madame d'Ai-
« guillon. Je vous souhaite le bonjour, mon-
« sieur le commandant des chevau-légers de la
« garde du roi.

« Comtesse Du Barry. »

Ce dernier triomphe de la comtesse rend les Choiseul furieux. Ils voient bien que la favorite est la souveraine, que d'ici à peu ils seront délogés de leurs places et de leurs titres. Tout le monde s'empresse de rendre à la comtesse les honneurs dus aux souverains. Dernièrement elle étoit allée visiter le salon de peinture; lorsqu'elle y arriva, elle fut reçue en grande pompe par M. de Saint-Florentin, qui fit sortir tout le monde. La comtesse fut d'abord stupéfaite de cette expulsion faite pour elle; mais elle se remit en voyant nos plus célèbres peintres et sculpteurs qui l'accompagnèrent dans sa visite, et qui lui firent leur cour en briguant ses suffrages.

Ce qui attira le plus les regards, à ce salon de 1769, ce sont les deux portraits de madame Du Barry, peints par le sieur Drouais. Cet artiste avoit merveilleusement peint madame de Pompadour, mais on trouve généralement qu'il a manqué deux fois madame Du Barry.

Néanmoins ces deux portraits ont donné lieu à un poëte de mes amis de faire des vers; mais il est juste de dire que ce qui les a inspirés, c'est bien moins le talent du peintre que l'heureuse idée qu'il a eue de peindre son modéle en homme et en femme.

Sur ton double portrait le spectateur perplexe,
Charmante Du Barry, veut t'admirer partout.
   A ses yeux changes-tu de sexe,
    Il ne fait que changer de goût :
     S'il te voit femme, dans l'âme

*D'être homme il sent tout le plaisir;
Tu deviens homme, et d'être femme
Soudain il auroit le désir.*

Tout le monde ici voit combien la faveur de madame Du Barry est solidement établie. Voici une lettre de madame la marquise de Montmorency qui prouve jusqu'à quel point les meilleures familles du royaume tiennent à s'attacher, de près ou de loin, à la nouvelle favorite.

« 4 août 1769.

« J'ai, mon aimable comtesse, une singulière
« idée dans la tête. Vous connoissez un certain
« duc de Boutteville : il commence à n'être
« plus jeune, il a fait bien des sottises en tout
« temps, mais il prétend qu'il est décidé à de-
« venir raisonnable. La première preuve qu'il
« m'en donne, c'est qu'il veut se remarier : il
« m'a demandé une femme. J'ai d'abord ri de
« sa résolution, mais quand j'ai vu qu'elle étoit
« sérieuse : « Il vous faut, lui ai-je dit, une per-
« sonne raisonnable, spirituelle, et qui puisse

« vous servir de mentor ; j'en connois une qui
« feroit bien votre affaire, mais je ne sais si elle
« voudroit de vous. » Il m'a alors beaucoup
« questionnée, et j'ai nommé mademoiselle Du
« Barry, votre sœur et votre amie. Si c'est une
« imprudence, mon aimable comtesse, le désir
« que j'ai de devenir votre alliée sera mon ex-
« cuse. Parlez-en toujours à mademoiselle
« votre sœur. Si cette affaire a lieu, tant mieux ;
« si elle n'a pas lieu, je n'en serai pas moins
« votre amie.

« Marquise de Montmorency. »

Je ne sais si ce projet réussira ; quoi qu'il en soit, le tour est fait, la marquise de Montmorancy s'est attiré l'amitié de madame Du Barry.

On chante sur tous les tons depuis deux mois le bonheur de la favorite et la confusion prochaine de ses ennemis. Voici un couplet sur l'air du *Déserteur*, que l'on vient de m'apporter.

Vive le roi! vive l'amour!
Que ce refrain soit nuit et jour
Ma devise la plus chérie!
En vain les serpents de l'envie
Sifflent autour de mes rideaux,
L'amour lui-même assure mon repos,
Et dans ses bras je la défie.

A ce couplet étoient joints deux journaux qui m'ont paru curieux, parce qu'ils montrent la préoccupation publique; j'en fais quelques extraits :

« Le jeudi 28 septembre, Sa Majesté, avant
« de chasser dans la forêt de Senart, est allée au
« pavillon du roi : elle est arrivée à plus de
« midi, et est partie avant une heure. On a re-
« marqué qu'elle a paru inquiète et soucieuse.
« Madame la comtesse Du Barry ne s'y est ren-
« due qu'à près de deux heures, avec beaucoup
« de dames de la cour, entre autres madame la
« maréchale de Mirepoix, madame la duchesse
« de Montmorenci, madame la duchesse de
« Valentinois, madame la comtesse de l'Hôpi-

« tal, etc., ainsi que beaucoup de seigneurs
« qui les accompagnoient. Le sieur Bouret a
« conduit cette dame dans tout le château :
« elle a été enchantée du lieu. Il y a eu ensuite
« un splendide dîner : le repas fini, la favorite
« est montée en calèche avec les dames, et a
« assisté à la défaite d'un cerf qu'on a pris sous
« Croix-Fontaine, et dont Sa Majesté lui a pré-
« senté le pied. Un second cerf a été forcé de
« la manière la plus curieuse et la plus rare.
« Après tous les détails capables d'amuser les
« spectateurs et de varier une pareille scène,
« on eût dit qu'il eût été exercé à toutes ces
« manœuvres différentes. Outre la cour, très-
« nombreuse, la beauté du jour avoit attiré un
« monde étonnant du voisinage.

« On s'attendoit à quelque galanterie parti-
« culière du sieur Bouret, dont le génie est
« plein de ressources pour de pareilles fêtes, et
« il n'a pas manqué de remplir l'attente des
« curieux. On y a trouvé une Vénus, modelée
« d'après celle de Coustou, pour le roi de
« Prusse. L'adroit courtisan y avoit fait adap-
« ter une tête, sculptée d'après celle de madame

« Du Barry, et en a présenté le coup d'œil à
« Sa Majesté, flattée de la manière dont on
« devinoit ainsi son goût.

« Madame Du Barry étoit à cette chasse
« dans le même habillement d'homme sous
« lequel elle est représentée au salon, mais in-
« finiment plus leste et plus séduisante.

« Les courtisans continuent à avoir les yeux
« ouverts sur ce qui passe à la cour, et cher-
« chent à démêler les suites des événements
« actuels. Ils ont été surpris que M. le duc de
« Choiseul n'ait pas obtenu la place de capi-
« taine-lieutenant des chevau-légers de la garde
« du roi pour M. le vicomte de Choiseul, au-
« quel il vouloit la faire tomber. D'une autre
« part, on remarque une diminution dans la
« faveur de ce ministre, qui est parti pour
« Metz avec toutes les bonnes grâces du maître.
« Il a eu, avant de s'y rendre, une conférence
« de trois heures tête à tête avec madame Du
« Barry; entrevue qui a donné lieu à une
« infinité de spéculations : c'est la première de
« cette espèce qu'il ait eue avec la favorite.

« On ne sait non plus que penser de la dé-

« tention du sieur Génée de Brocheau, en qui
« le beau-frère de la comtesse avoit cru recon-
« noître les qualités propres au ministère des
« finances, et qu'il avoit voulu porter à la
« place de contrôleur général par la protection
« de sa belle-sœur. Lui-même semble enve-
« loppé dans cette disgrâce, puisqu'il va pren-
« dre les eaux, quoique ce n'en soit pas la
« saison. Les gens mystérieux veulent qu'on
« ait cherché à l'exclure du voyage de Fon-
« tainebleau, où se frappent ordinairement les
« grands coups de politique, où s'opèrent les
« révolutions importantes. »

*
* *

C'est au chevalier de Boufflers que je dois d'avoir ce couplet et ces deux journaux, dont le dernier est d'hier, 4 octobre.

Le pavillon du roi, dont parlent ces journaux, a été bâti par Bouret, dans l'espérance que le roi, après l'avoir vu, le lui achèteroit. De fait, le roi auroit bien dû en agir ainsi, car ce pavillon est trop beau pour un fermier général; mais le roi, même quand il est question d'une maîtresse, regarde à deux fois pour la dépense.

☆

Hier, madame Du Barry, en descendant de sa chambre, rencontre par hasard un de ses cuisiniers. Cet homme lui étoit attaché depuis deux jours par son intendant. La comtesse l'examine et voit qu'il ressembloit un peu au duc de Choiseul. Elle s'arrête devant lui : « Êtes-vous à mon service? — Oui, madame. — Eh bien, dites à mon intendant que je ne veux plus vous voir, vous avez la figure trop sinistre. » Et le malheureux cuisinier fut renvoyé le jour même. Ce matin la comtesse raconta cela au roi, et elle ajouta en riant : « Vous le voyez, Sire, je n'ai pas hésité d'une seconde à renvoyer mon Choiseul ; quand renverrez-vous le vôtre? »

Madame Du Barry se vengeoit ainsi d'une épigramme sanglante qui est encore l'objet des conversations de toute la ville après avoir occupé la cour. Le comte de Lauraguais, qui n'a pourtant jamais eu à se plaindre de la favorite, a eu l'idée d'aller prendre une maîtresse chez la Gourdan. Il l'a installée dans un hôtel monté sur le plus haut ton, puis il l'a présentée à tous ses amis sous le nom de *comtesse du Tonneau*. Cela fit un bruit d'enfer. Le duc de Richelieu, instruit des premiers de cette sanglante épigramme en action, s'est empressé d'écrire à la comtesse Du Barry la lettre suivante :

Du duc de Richelieu.

« Mon adorable Comtesse,

« Vous ne sauriez trop tôt faire cesser l'in-
« solence du comte de Lauraguais. Il vient de
« prendre une fille de la rue Saint-Honoré, lui
« a donné une maison qu'il a meublée, et l'a
« fait appeler hautement la *comtesse du Ton-
« neau*. Vous sentez la grossière épigramme
« d'une pareille impertinence. Si elle duroit
« encore quelques jours, tout Paris la sauroit.
« et il faut l'arrêter dans son commencement.
« Le comte de Lauraguais est ami du duc de
« Choiseul, ainsi vous voyez d'où part le coup.

« Je suis avec respect, mon adorable Com-
« tesse, le plus dévoué de vos serviteurs.

« Duc de Richelieu. »

Madame Du Barry avoit ri d'abord de l'extravagante invention du comte de Lauraguais ; mais, excitée par les discours de ses amis, elle eût peut-être fini par s'en inquiéter. Le comte n'attendit point les résultats de la colère du roi, il partit prudemment pour Londres, pendant que l'on mettoit à la Salpétrière la malheureuse comtesse du Tonneau.

Nous avons une Dauphine. Mais avant de parler de cette princesse, il faut que je remonte un peu dans mes souvenirs. Lorsque le bruit courut, il y a plusieurs mois, du mariage de M. le Dauphin, madame Du Barry s'étoit montrée d'abord très inquiète de l'ascendant que poürroit prendre sur l'esprit du roi une Dauphine jeune, belle, et devant avoir dans l'esprit un peu de cette force de volonté qui caractérise Marie-Thérèse, et en général toutes les princesses de la maison d'Autriche. Ceux qui avoient intérêt à faire peur à la favorite, l'entretinrent le plus possible dans ces sentiments, et lui persuadèrent qu'elle devoit aller à Baréges pendant les fêtes données à la Dauphine. Les ducs de Richelieu et d'Aiguillon lui firent sentir que s'éloigner de la cour au moment de l'arrivée de la Dauphine, c'étoit laisser le champ libre aux manœuvres des amis de la princesse. C'étoit, dirent-ils, abdiquer toute influence sur les volontés du roi, qui, foible et irrésolu comme il est, ne tarderoit pas à se laisser mener par les ennemis de madame Du Barry. Le duc de Richelieu a écrit à la comtesse une lettre très adroite à ce sujet, dont il m'a donné copie. La voici :

« Gardez-vous bien, mon adorable Comtesse,
« de suivre l'idée que M. le duc de Noailles
« vous a mise dans la tête, d'aller aux eaux de
« Baréges pour ne vous point trouver à l'arri-
« vée de madame la Dauphine, sous le pré-
« texte que vous figureriez mal à des fêtes qui
« ne seroient que pour elle, et que cette prin-
« cesse pourroit vous donner quelques morti-
« fications. M. le duc de Noailles, qui vous a
« ainsi conseillée, ne peut être votre ami : il
« a été aposté par le duc de Choiseul, qui vou-
« droit profiter de votre absence pour vous
« faire perdre tout l'ascendant que vous avez

« sur le roi. Vous êtes sa divinité, ne le quittez
« pas d'un instant. Jeune et belle comme vous
« êtes, vous ignorez les dangers de l'absence.
« Que ne feroit-on pas alors pour le distraire
« d'une passion qui fait tout son bonheur. Je
« ne vous en dirai pas davantage, ma divine
« Comtesse; mais sachez que vous risquez tout
« si vous vous absentez.

« Duc de Richelieu. »

Tous les vrais amis de la comtesse se sont joints aux ducs de Richelieu et d'Aiguillon, et nous sommes parvenus à lui donner beaucoup de résolution. Aussi, comme on avoit fait courir le bruit que Marie-Thérèse avoit demandé, comme cadeau de noces, que madame Du Barry ne fût pas présentée à la Dauphine, la comtesse résolut de s'en expliquer clairement avec le roi. Précisément, un jour le roi vint à la comtesse, le front soucieux : « Eh bien, lui dit-il, nous allons avoir une nouvelle princesse. Elle va vouloir tout mener à Versailles, comme sa mère à Vienne. Pour son mari, elle en fera ce qu'elle voudra, mais moi, nous verrons. —

Eh quoi ! Sire, redouteriez-vous l'influence de madame la Dauphine ? — Sa mère a bien envie de faire de la France une province autrichienne ; elle a donné à sa fille, l'archiduchesse, de minutieuses instructions pour prendre sur nous l'ascendant le plus haut, mais je ne suis pas encore Autrichien. — Sire, moi je ne crains qu'une chose, c'est que l'on ne cherche à me nuire dans l'esprit de Votre Majesté ; mais si vous n'êtes pas Autrichien, je puis espérer que la France me restera. » Le roi sourit à ce jeu de mots ; la comtesse continua : « Pourtant j'ai bien peur que cette archiduchesse ne vous prenne toute votre affection. — Je l'aimerai comme un père, répondit le roi, mais si elle cabale, si elle intrigue, si elle complote, si elle veut faire la reine, je saurai bien la ramener au rôle de Dauphine. Ne craignez rien, ma belle amie, vous m'êtes aussi nécessaire que le ministre de Kaunitz peut l'être à l'impératrice. — Cependant, Sire, on fait courir le bruit que je ne serai pas présentée à la Dauphine ? — Et pourquoi cela, s'il vous plaît ? — Parce que l'impératrice l'a exigé comme condition du mariage de sa fille. — Voilà des bruits bien absurdes, s'écria le roi avec colère; est-ce qu'on s'imagine que je me laisserai imposer de pareilles conditions? Cette sottise me paroît être née à Versailles, et les Parisiens aiment tant les extravagances, qu'ils l'auront acceptée comme parole d'Évangile; mais je ne permets à personne la satisfaction de dire que je me laisse mener par l'étranger et l'étrangère, et je jure que vous serez la première femme de la cour présentée à ma petite-fille. — Sire, ce sera pour moi un vif plaisir; j'ai hâte de voir madame la Dauphine. — Soyez certaine que vous lui ferez votre cour la première, après moi toutefois, car je veux, dès son arrivée, lui donner mes instructions. »

Cette conversation fut tenue en petit comité, et fut un véritable triomphe pour la comtesse et ses amis. Et le roi tint parole. La veille de l'arrivée de la Dauphine, il dit à madame Du Barry : « Faites-vous bien belle demain. Vous souperez avec nous à la Muette. — Sire, je me ferai belle pour vous. » Et, en effet, elle se fit si belle, ou plutôt la nature a eu soin de donner tant d'attraits à madame Du Barry, que la Dauphine elle-même ne put s'empêcher de lui faire compliment. Le roi prit la comtesse par la main et la présenta lui-même à madame la Dauphine. Celle-ci la reçut avec beaucoup de grâce. Pendant le souper, le roi demanda à sa petite-fille comment elle trouvoit la comtesse Du Barry : « Charmante et adorable. » Ceci enchanta le roi et la comtesse.

Cet éloge de la comtesse est d'autant plus remarquable, que madame la Dauphine est une beauté sans pareille, mais dans un autre genre que madame Du Barry. L'archiduchesse n'a pas seize ans; ses cheveux blonds sont magnifiques, sa peau est d'une blancheur éblouissante. Elle a un front superbe, une bouche admirable, des yeux pleins de vivacité, une taille déjà parfaite; mais ce qui est beau surtout en cette jeune princesse, c'est sa démarche. Dans l'intimité, ses gestes ont un abandon inconnu à nos fières duchesses; mais aussi, quand la princesse représente, rien n'est plus majestueux ni plus imposant que son air. On ne peut que reprocher à cette beauté l'avancement de sa lèvre inférieure, signe distinctif des princes de la maison d'Autriche, et qui donne un air trop dédaigneux et trop hautain.

Madame Du Barry est au mieux avec la Dauphine. Au dernier voyage que nous fîmes à Compiègne, le roi invita un jour sa petite-fille à souper avec lui au petit château. La princesse le pria d'en mettre la duchesse de Chaulnes, pour qui elle a une grande affection. Le roi y consentit gracieusement, mais il amena madame Du Barry. Madame la Dauphine, qui ne s'y attendoit pas, s'écria en voyant entrer la comtesse : « Ah ! Sire, je ne vous avois demandé qu'une grâce, et vous m'en accordez deux ! » Le souper fut très gai. Le lendemain, la comtesse donna à dîner dans ses appartements, et l'on put lire au bas de ses billets d'invitation ces mots, qui disent bien l'empire qu'elle possède sur le roi : « Sa Majesté m'honorera de sa présence. »

Malgré tout, les plus fermes amis de la comtesse craignent pour elle quelque cabale : la Dauphine est entourée des ennemis de la favorite, et surtout de ses ennemies. Je citerai entre autres la comtesse de Grammont, qui est, avec la duchesse du même nom, la plus acharnée à la perte de la favorite. D'un autre côté, M. de Choiseul a l'oreille de la petite-fille de Louis XV; le roi se fait vieux, et les courtisans songent déjà à se tourner vers le soleil levant.

Cependant, madame Du Barry n'en poursuit pas moins la ruine de ses ennemis et le triomphe de ses amis. Je parlerai un autre jour du duc d'Aiguillon, dont les affaires vont de mal en pis devant les Parlements, mais de mieux en mieux dans l'esprit du roi. Je me contenterai de dire que la duchesse de Grammont a si bien fait, qu'elle a forcé le caractère un peu foible du roi. Chaque jour amenoit de la part de cette dame ou de la part de ses créatures une nouvelle insulte à madame Du Barry. Le roi fit mander la duchesse près de lui. Il lui signifia qu'elle avoit à demeurer loin de la cour pendant deux ans. Ni la duchesse, qui voulut rappeler au roi ses anciennes faveurs, ni le duc de Choiseul, son frère, n'ont pu obtenir la révocation de cet arrêt.

Depuis que madame de Grammont est partie, madame Du Barry, qui se sent plus forte, passe la moitié de ses matinées à faire sauter des oranges dans sa main, en disant devant le roi : Saute, Choiseul! saute Praslin!

Nous avons bien ri, à ce voyage de Compiègne, d'une aventure de M. de Maupeou. Il faut dire qu'après le roi et sa belle-sœur, et avant ses amis, les affections de la favorite appartiennent à une petite chienne qu'on appelle Dorine et à un jeune négrillon qu'on nomme Zamore. Le négrillon est un affreux sauvage, gâté, tracassier, mal instruit, mais superbe avec ses plumes de couleur, ses bracelets, ses colliers et ses pendans d'oreilles. La chienne est un animal détestable, qui ne connaît que sa maîtresse et ne respecte que le roi. Pour bien faire sa cour à madame Du Barry, il faut d'abord plaire à Zamore, rassasier Dorine de gimblettes et mériter les égards de mademoiselle Chon. Tout cela n'est pas toujours facile.

L'autre jour, M. de Maupeou résolut de faire une galanterie à Zamore. M. de Maupeou poursuit de toutes les manières possibles sa grande querelle avec les parlemens, et rien ne lui coûte pour s'assurer l'appui de madame Du Barry, sans qui il ne pourroit vaincre l'irrésolution du roi. Il envoya donc, devant dîner le soir chez la favorite, un magnifique pâté de Strasbourg; mais on n'y eut pas plus tôt mis le couteau, qu'un essaim de hannetons sortit du pâté et se prit à voler de ci de là. Zamore, qui n'avait jamais vu de ces insectes, étoit aux anges et rioit bêtement comme un nègre qu'il est. Il se mit à faire la chasse aux hannetons, sans respect pour personne. Ceux-ci, pour punir sans doute le chancelier de les avoir mis à pareille fête, vinrent tous se réfugier sur sa perruque. Sans souci des égards qu'il devoit à une tête aussi vénérable, le négrillon arracha la perruque de M. de Maupeou et s'en fut dans un coin, comme un avare, contempler son trésor de hannetons. Tout le monde se mit à rire de la belle manière, le chancelier tout le premier. « Voici donc le premier crâne de la magistrature mis à nu ! » disoit la comtesse en riant aux éclats.

« La justice sans perruque n'est pa une

belle chose ! » dit mademoiselle Chon. « C'est pour cela que tant de perruques cachent la justice, » dit le duc d'Ayen. Chacun dit son mot, même le chancelier. « J'espère bien, dit-il, que ce n'est pas la première perruque qu'on enlèvera à la justice. » M. de Maupeou n'oublie jamais qu'il veut décoiffer les parlemens. Pour cela il ne néglige rien, pas même de faire rire le roi et d'amuser la favorite ainsi qu'on le dit dans cette lettre du 20 août, écrite par un de mes amis :

« Vous croyez à Paris que le chancelier est
« fort intrigué du soulèvement général de la
« magistrature, et des croupières que lui tail-
« lent de toutes parts les divers parlemens.
« Il n'y paroît pas à l'extérieur ; il ne s'en
« réjouit pas moins avec la simplicité et
« l'innocence d'un enfant. Le bruit général
« de la cour est que le roi, étant entré ces
« jours derniers brusquement chez madame
« Du Barry, a trouvé cette dame, qui est
« fort polissonne, jouant à colin-maillard avec
« de jeunes courtisans, et au milieu d'eux tous,

« le chancelier en simarre faisant le colin-
« maillard ; ce qui réjouit beaucoup Sa Ma-
« jesté. »

⁎ ⁎ ⁎

Le duc d'Aiguillon ayant offert un magnifique vis-à-vis à madame Du Barry, on fit courir les vers suivans :

> *Pourquoi ce brillant vis-à-vis ?*
> *Est-ce le char d'une déesse*
> *Ou de quelque jeune princesse,*
> *S'écrioit un badaud surpris ?*
> *Non... de la foule curieuse*
> *Lui répond un caustique, non,*
> *C'est le char de la blanchisseuse*
> *De cet infâme d'Aiguillon.*

Madame Du Barry ne se servit jamais de ce superbe carrosse, qui n'avait pas coûté moins de cinquante-deux mille livres à M. d'Aiguillon. Rien n'était plus riche ni plus galant que l'ordonnance de cette voiture. Les carrosses de la Dauphine n'étoient que de grossières charrettes à côté de ce vis-à-vis ; aussi le roi ne voulut-il pas, par crainte de soulever le peuple, qui l'alloit voir en foule, que la comtesse s'en servit.

Le duc de Choiseul, sentant bien que le triomphe du duc d'Aiguillon est le précurseur de sa chute, a tâché de se rapprocher de la comtesse. On a envoyé à celle-ci des vers qu'on attribue au patriarche de Ferney, dans lesquels on lui fait entendre délicatement qu'il y va de sa gloire d'être bien avec le ministre. Mais je sais de source certaine que ces vers sont de mon ami le chevalier de Boufflers. Du reste, ce n'est pas de sa meilleure encre :

Déesse des Plaisirs, tendre mère des Grâces,
Pourquoi veux-tu mêler aux fêtes de Paphos
Les noirs soupçons, les fâcheuses disgrâces,
Et pourquoi méditer la perte d'un héros ?
 Ulysse est cher à la patrie,
 Il est l'appui d'Agamemnon ;
Sa politique active et son vaste génie
Enchaînent la valeur de la fière Ilion.
 Soumets les dieux à ton empire,
Vénus, sur tous les cœurs règne par ta beauté,
 Cueille, dans un riant délire,

> *Les roses de la volupté ;*
> *Mais à nos vœux daigne sourire,*
> *Et rends le calme à Neptune agité.*
> *Ulysse, ce mortel aux Troyens formidable,*
> *Que tu proscris dans ton courroux,*
> *Pour la beauté n'est redoutable*
> *Qu'en soupirant à ses genoux.*

Ces vers n'ont pas du tout amené de réconciliation, tandis que la lettre suivante, déposée par une main inconnue sur le bureau du roi, a fortement impressionné Sa Majesté :

« Sire,

« Je suis votre meilleur ami, et peut-être
« vous ne le savez pas ; je vous avertis donc
« que les projets du mois de mai sont repris.
« Il faut à M. de Choiseul une autorité sans
« partage. Vos jours sont moins en sûreté que
« jamais. Il entend à présent régner sous un
« jeune monarque, et la Dauphine lui est en-
« tièrement dévouée. »

Depuis qu'il a vu cette lettre, le roi a quelque chose de sombre dans son air ; on voit bien qu'il rêve à la perte du duc de Choiseul, mais qu'il craint les conséquences d'un pareil coup de maître.

*
* *

Si ces notes étoient des Mémoires bien écrits, avec titres, index, réflexions, commentaires, tables et *errata*, j'intitulerois ce chapitre-là : *les Lettres*. Je n'ai aujourd'hui à parler que de lettres, mais de lettres à effet.

Il y avoit longtems déjà que madame Du Barry voyoit avec une certaine inquiétude un grave personnage venir régulièrement chez le roi certains jours, à certaines heures. Ce personnage avoit toujours au bras un grand portefeuille à l'air mystérieux, car il ne ressembloit en rien aux portefeuilles ordinaires des ministres. Ces derniers portefeuilles sont entr'ouverts, éventrés, laissant voir les papiers qu'ils contiennent ; ce sont des portefeuilles étourdis et bavards, tapageurs, sots et importans, comme la plupart de leurs maîtres. Mais le portefeuille qui inquiétoit madame Du Barry étoit discret, sournois, prudent, muet comme le personnage qui le portoit gravement, et qui n'étoit pas ministre. Puis, une fois ce personnage parti, le roi s'enfermoit avec le portefeuille, et jamais madame Du Barry n'avoit pu parvenir à savoir ce qu'ils se disoient. Enfin, le 23 de ce mois, ce grand mystère a été pénétré. Comme toujours, c'est le hasard seul qui l'a découvert; madame Du Barry étoit chez elle, où elle attendoit le roi, M. de Maupeou, le duc de La Vrillière et le prince de Soubise, qui devoient souper. Le roi alla chez la Dauphine avant de venir chez la comtesse. Pendant ce temps le personnage mystérieux vint chez le roi; les gens de service lui dirent que Sa Majesté étoit chez madame Du Barry. L'homme et le portefeuille se dirigèrent vers madame Du Barry. Celle-ci s'impatientoit de ne pas voir arriver son premier convive, lorsqu'on lui annonça M. le baron d'Oigny, intendant général de la poste aux lettres. C'étoit l'homme au portefeuille inconnu. En voyant la comtesse seule, il voulut se retirer, mais madame Du Barry lui prit son portefeuille, moitié de gré, moitié de force, en lui disant : « Monsieur, le roi va venir, attendez-le ici ; je serai charmée, quand Sa Majesté sera là, de voir ce qu'il y a dans ce portefeuille qui me préoccupe depuis si longtems. » Le roi entra, le baron d'Oigny lui dit : « Sire, voilà le portefeuille que j'apportois et que madame a bien voulu se charger de remettre elle-même à Votre Majesté. » Il salua avec grâce et se retira. Quand il fut parti : « A nous deux, dit gaiement la comtesse, nous allons nous amuser à lire ce gros travail. — Non, madame, moi tout seul, s'il vous plaît. Il y a là des secrets d'État que je ne puis laisser compromettre. — Les fichus secrets, que des imbéciles confient à la poste ! » En disant ces mots, la comtesse fit si bien sauter le portefeuille, qu'il s'ouvrit et laissa tomber sur le tapis une nuée de lettres et de notes. « Voilà qui est beau, dit le roi. — C'est moi qui ai fait la sottise, c'est à moi de la réparer. » Madame Du Barry s'agenouille pour ramasser toutes les lettres, le roi l'imite, et les voilà tous deux à genoux, riant et entassant les papiers sur une petite table. Enfin on dépouilla toute cette correspondance; la comtesse ne perdoit pas un mot de ce qui lui tomboit sous les yeux. Elle trouva plusieurs lettres adressées à des membres de parlemens de province. Elles étoient remplies d'injures contre le roi, d'éloges de M. de Choiseul, et d'anecdotes scandaleuses sur la favorite. Celle-ci lisoit à haute voix les passages qui lui paroissoient les plus durs. « C'est vraiment insupportable, dit le roi, que cette rage des robes noires de me calomnier au profit de mon ministre. — Tant pis pour vous, puisque vous aimez tant votre ministre. » La comtesse lut entre autres ce passage d'une lettre : « Malgré les *on dit*, je ne crois pas possible la disgrâce de M. de Choiseul; il est trop nécessaire au roi, qui, sans son secours, ne sauroit comment mener les affaires. — Vive Dieu! dit le roi, le Choiseul s'est si bien mis devant son maître, que mes sujets ne me voient plus derrière lui. »

Quand ce travail fut terminé, le roi étoit de fort méchante humeur. Il en laissa paroître quelque chose devant les convives de madame Du Barry, qui ne tardèrent pas d'arriver. Ils l'entretinrent si bien dans ces bonnes dispositions, qu'après souper M. de La Vrillière écrivit, sous la dictée du roi, les deux lettres de cachet suivantes, adressées à MM. de Choiseul et de Praslin :

« Mon Cousin,

« Le mécontentement que me causent vos
« services, me force à vous exiler à Chante-
« loup, où vous vous rendrez dans vingt-quatre
« heures. Je vous aurois envoyé beaucoup
« plus loin, si ce n'étoit l'estime particulière
« que j'ai pour madame la duchesse de Choi-
« seul, dont la santé m'est fort intéressante.
« Prenez garde que votre conduite ne me
« fasse prendre un autre parti. Sur ce je prie
« Dieu, mon Cousin, qu'il vous ait en sa sainte
« garde. »

« Mon Cousin,

« Je n'ai plus besoin de vos services. Je vous
« exile à Praslin, où vous vous rendrez dans
« vingt-quatre heures. »

Ces deux lettres furent remises le lendemain avant midi. Ce fut M. de La Vrillière qui les porta et qui reprit les portefeuilles des ministres exilés. Le vieux Praslin, malade d'une goutte montée à la tête, ne dit pas un mot, mais M. de Choiseul reçut vertement M. de La Vrillière, qui crut devoir lui tourner un compliment de condoléance.

* *

On a fait dîner madame de Béarn chez madame Du Barry. Le roi est venu après le repas. Sa Majesté a joué parfaitement la comédie. Le roi a félicité madame de Béarn d'être la marraine de madame Du Barry, mais il n'a rien promis; encore moins a-t-il donné d'écrit.

Après un entretien avec M. de Roquelaure, l'évêque de Senlis, qui est fort attaché à M. de Choiseul ou à madame de Grammont, madame de Béarn s'est brûlé le pied afin de se dispenser du marrainage. Où va se fourrer l'héroïsme ? Cette dame a craint le mécontentement de *Mesdames*. Le maréchal de Richelieu disoit hier à madame Du Barry : « Vous le voyez, madame, partout vous allumez le feu : la discorde a aussi un flambeau. »

⁂

Le roi, à qui on ne manque pas de faire connoître, jour par jour, les propos désobligeants que tiennent sur madame Du Barry les princesses royales et leur entourage, est allé hier visiter *Mesdames*. Excité par les sarcasmes voilés du duc de Richelieu, par les remontrances du chancelier, qui le menace toujours des parlemens, et surtout par les larmes de la comtesse, qui a juré de ne plus rire qu'après sa présentation, le roi a déclaré hautement à *Mesdames* sa volonté royale. Les princesses ont promis de faire bon accueil à l'Ange. Il faut dire que M. de La Vauguyon est pour beaucoup dans cette promesse. Forcé d'obéir aux ordres formels du roi, et gagné d'avance par madame Du Barry, qui s'est faite jésuite avec ce jésuite, il a pris par son côté foible madame Adélaïde, celle des princesses qui faisoit le plus de difficultés. Madame Victoire et elle s'entendent à merveille. Madame Louise est une créature céleste qui n'écoute aucun de tous ces bruits de la cour, et qui fera toujours la volonté de son père. M. de La Vauguyon a dit à madame Adélaïde que l'Ange étoit un ange déchu, mais repentant, et qu'il falloit lui aider à remonter au ciel. Cela a touché madame Adélaïde, qui se pique d'être déjà à la porte du paradis.

Madame de Bercheny, l'une des dames pour accompagner madame Victoire, a été avertie par M. Bertin que le roi savoit les conseils qu'elle donnoit à la princesse royale, et que, si elle ne se taisoit, il la chasseroit de Versailles. Madame de Bercheny, effroyée, est allée en province passer un mois. Cet exil volontaire a fait quelque impression sur *Mesdames*. Aussi les plaisans appellent-ils déjà la présentation de madame Du Barry « une présentation à coups de foudre », mais ils disent cela tout bas, car ils ont peur de l'orage.

⁂

Le pied brûlé de madame de Béarn est guéri depuis quelques jours. Tout est préparé. Ce soir des courriers partent dans toutes les directions pour annoncer à la France inquiète que la présentation de madame Du Barry se fera demain samedi 22 avril. Les politiques à longue vue appellent cela le triomphe des jésuites, la mort des parlemens, le signal de la chute du ministère Choiseul. Moi qui n'y vois pas de si loin, je suis de l'avis du duc d'Ayen, qui dit, à propos de ce grand événement, que c'est le triomphe d'un cotillon.

*
* *

Hier a eu lieu la présentation. Madame Du Barry n'avoit jamais été plus belle. Beaucoup de ses envieuses ont été surprises et confondues en voyant ses manières empreintes d'une grande noblesse et d'une superbe dignité. Personne ne voulut reconnoître la petite l'Ange dans cette grande dame que n'intimidèrent point les mille regards fixés sur elle avec mille sentimens différens. *Mesdames* ont caché sous beaucoup de bienveillance apparente le dépit qu'elles ressentoient du succès inouï qu'à eu la comtessse. Madame Du Barry avoit une parure de plus de cent mille livres, donnée il y a trois jours par le roi. « Voilà Sa Majesté qui sourit à ses diamans, » me dit quelqu'un en me montrant le roi dont les yeux étoient amoureusement attachés sur la comtesse.

Après la soirée d'étiquette, il y a eu soirée intime chez madame Du Barry. Là sont venus : le chancelier, le duc de Richelieu, le prince de Soubise, le duc de Fronsac, le duc de La Trimouille, l'évêque d'Orléans, le duc de Duras et le duc d'Aiguillon. Il y avoit tous les conseillers et tous les intimes de la comtesse ; il y avoit même le duc d'Ayen, dont la favorite s'est bien vengée.

M. d'Ayen joignoit ses félicitations à celles que nous offrions à la comtesse et au roi qui venoit d'entrer. Le duc vantoit surtout la bonne grâce et le grand air de madame Du Barry : « Ah! monsieur le duc, lui dit-elle, que de belles manières n'ai-je pas eu le tems d'apprendre depuis le roi Pharamond jusqu'à son successeur, Sa Majesté Louis XV! »

J'ai en main une lettre adressée par la comtesse au comte de Stainville, et j'ai la copie d'un billet du roi à madame Du Barry. Cette copie est de la main de la comtesse. Voici l'une et l'autre :

A M. le comte de Stainville.

31 mai 1769.

« J'ai reçu votre lettre, Monsieur le comte,
« et j'y réponds avec d'autant plus de plaisir
« que je vous annonce en même tems que
« Sa Majesté vous accorde la survivance du
« gouvernement de Strasbourg, et que moi-
« même je l'en ai sollicitée. Vous voyez par là
« que je suis bien éloignée de vous en vouloir.
« Je suis flattée des sentimens que vous me
« témoignez. Si monsieur le duc et madame
« votre sœur pensoient comme vous, nous
« serions les meilleurs amis du monde, mais
« je ne puis y mettre que du mien.

« Je suis toute à vous.

« COMTESSE DU BARRY. »

Du roi.

« Au lieu d'attendre à demain, venez ce soir,
« j'ai quelque chose à vous dire qui vous fera
« plaisir.

« Bonjour, croyez que je vous aime.

« Louis. »

Ce que le roi vouloit dire à madame Du Barry, c'était qu'il lui faisoit cadeau du château de Luciennes; le duc de Penthièvre, qui l'avoit reçu du roi, n'a pas voulu le garder après y avoir vu périr son fils le prince de Lamballe.

On m'apporte une copie d'une lettre écrite hier par madame Du Barry à madame de Béarn. La comtesse remercie sa marraine de cour et lui rend la liberté. C'est à elle-même que madame Du Barry rend la liberté, car la *plaideuse* ne laissoit plus la comtesse libre de ses affections depuis le fameux service de la présentation. Elle étoit jalouse de chaque nouvelle amie qui venoit faire sa cour à madame Du Barry, et elle proclamoit à chaque moment l'étendue de ses services, qu'elle a pourtant bien fait payer. Madame Du Barry la remercie avec beaucoup de grâce.

A madame la comtesse de Béarn.

3 juin 1769.

« Je ne saurois assez vous remercier, Ma-
« dame, de vos bontés, de votre complaisance
« et de votre assiduité. Je croirois en abuser,
« si je ne vous rendois incessamment à la
« liberté que vous aimez et dont vous vous
« privez depuis longtems en ma faveur. Ce
« seroit enfin trop exiger de votre amitié. Vous
« m'avez fait part plusieurs fois du dégoût que
« vous éprouviez dans un pays pour lequel
« vous étiez plus faite que moi, et où cepen-
« dant nous avons en quelque sorte débuté
« ensemble. Vous avez des affaires qui vous
« rappellent à Paris : le voyage de Marly fini,
« je vous demande en grâce de ne pas vous
« gêner. Allez au Luxembourg y vaquer,
« et abandonnez-moi au tourbillon de Ver-
« sailles. »

« COMTESSE DU BARRY »

* * *

Lorsque nous avons été à Saint-Hubert pour observer le passage de la planète Vénus sur le soleil, madame Du Barry étoit avec le roi, qui lui donna plusieurs leçons d'astronomie. Toute la cour s'étoit transformée en académie des sciences, et messieurs les savans académiciens s'étoient déguisés en courtisans. On me fait passer ce matin des vers inspirés à un des malins de l'Académie des sciences par la présence de madame Du Barry au télescope. Ce sont des vers de savans, mais ils prouvent que les savans ne sont pas des ignorans dans l'art de flatter. J'enregistre dans ma collection de pièces à interroger ces huit vers d'un astronome :

> *Que nous diront ce télescope,*
> *Cette Vénus et ce soleil ?*
> *Amis, sans ce vain appareil,*
> *Cherchons un plus sûr horoscope.*
> *En ces délicieux jardins*
> *Brillent nos astres véritables :*
> *C'est dans leurs regards adorables*
> *Que nous trouverons nos destins.*

Nous ne faisons que voyager; les mauvaises langues prétendent que nous ne faisons que déplacer notre ennui; c'est un méchant propos. La cour s'amuse; il me semble que le roi ne s'ennuie pas, ni madame Du Barry. Celle-ci est surtout charmée des victoires qu'elle remporte sur ses ennemis. Dans tous nos voyages, beaucoup de dames se sont détachées du parti de Choiseul et sont venues faire leur cour à la favorite; aussi la comtesse est-elle radieuse. Pour moi, je m'amuse beaucoup; ce qui me fait voir tout couleur de rose, et je crois fermement que tout le monde est comme moi. Il n'y a que le ministre et sa sœur qui n'ont pas toujours sujet d'être enchantés. A Marly, le roi et le duc de Choiseul ont eu une explication très vive au sujet de la comtesse. Le duc a assuré le roi qu'il respectoit les volontés de Sa Majesté, qu'il n'étoit pour rien dans les hauteurs et les dédains de sa femme et de sa sœur, qu'il avoit tout fait pour les amener à une réconciliation avec madame

Du Barry, mais qu'il désespéroit d'y parvenir; que pour lui, il étoit le plus dévoué des admirateurs de la comtesse. Et depuis ce temps-là le duc recherche madame Du Barry avec le même soin qu'il mettoit à l'éviter; il l'a accompagnée dans trois voyages qu'elle a faits à Triel, où elle vouloit acheter une terre du fermier général Roussel, qui a fait-banqueroute.

A Choisy, nous avons eu la comédie par les acteurs des trois théâtres. On s'est fort diverti à la représentation d'un opéra-comique, *Alix et Alexis*, pièce très gaie, et même un peu trop polissonne. Madame Du Barry y prit un grand plaisir, ainsi que le roi, ce qui a fait dire à un Caton de la ville : « On voit bien qu'en écoutant ces turpitudes, le roi et sa favorite étoient dans leur élément, heureux comme des poissons dans l'eau. » Je ne sais pas si les poissons sont aussi heureux qu'on le prétend, mais j'avoue que ce soir-là nous étions tous très gais et très heureux, n'en déplaise au censeur de la ville.

Nous ne voyons devant nous qu'un avenir

de fêtes et de plaisirs, car nous allons avoir une Dauphine. Ce sera l'archiduchesse d'Autriche qu'épousera le jeune prince. Son aïeul, le roi Louis XV, se réjouit d'avance des occasions qu'il aura d'instruire son petit-fils dans un art où il est passé maître, l'art d'aimer.

Voici un fait qui s'est passé devant plusieurs courtisans, et qui montre jusqu'à quel point le roi est galant et amoureux. Sa Majesté causoit debout avec la comtesse, lorsque l'étui du roi vint à tomber. Madame Du Barry s'empressa de le ramasser et le présenta au roi, en ayant encore un genou en terre. A cette vue, Louis XV se jeta aux pieds de la comtesse en lui disant : « C'est à moi, madame, à mettre un genou en terre. »

Madame Du Barry jouit de tous les priviléges de madame de Pompadour; elle a ses relais commandés aux postes, comme le roi, et elle habite, dans toutes les résidences royales où va séjourner la cour, les appartemens de la défunte marquise. Tous ces appartemens ont été remeublés et décorés pour la comtesse. Le roi lui fait une pension de trente mille livres par mois, et je crois savoir que cela ne suffit pas toujours à contenter ses goûts pour le luxe et la dépense. Mais elle est si jolie, vraiment, qu'on ne saurait la blâmer de ne vouloir pour elle et autour d'elle que les plus jolies choses de la terre.

⁎
⁎ ⁎

Madame Du Barry, qui n'aime pas beaucoup les intrigues politiques dont on veut lui remplir l'esprit, cherche souvent à se distraire des préoccupations que lui donnent, malgré elle, toutes les cabales qui l'entourent. On retrouve toujours dans les distractions qu'elle invente les traces de ces imaginations un peu folles des filles qui s'ennuient. Elle jette l'argent à pleines mains par les fenêtres, mais l'argent n'est pas perdu pour cela; il y a toujours quelqu'un pour le ramasser. Elle invente des parures, elle s'ingénie à trouver des costumes impossibles, elle se crée un véritable travail d'inventeur de modes et de coiffures. Elle passe des journées entières à ce travail, et il arrive souvent que le roi l'attend plus d'une heure pour souper. Mais la bonté de son cœur ne s'est jamais mieux montrée : c'est surtout dans des actes de bienfaisance qu'elle cherche à oublier ses ennuis et ses ennemis de la cour.

Il y a peu de tems qu'en cherchant à qui elle pourroit faire du bien, elle s'est souvenue d'une de ses compagnes d'atelier, quand elle étoit chez le sieur Labille. Elle l'a fait venir devant elle, et cette fille est maintenant dans la position qu'elle ambitionnoit. Samedi dernier, c'étoit au tour de M. du Monceau, le parrain de madame Du Barry, dont le souvenir lui étoit revenu. Elle lui écrivit un billet pour l'inviter à se rendre un matin à l'hôtel de madame Du Barry, rue des Petits-Champs.

M. du Monceau est maintenant un vieillard, peu au courant des affaires de la cour. Il fut surpris de cette invitation, et se demanda avec terreur s'il ne lui étoit pas échappé quelques méchants propos sur la favorite, et si ce n'étoit point pour lui en demander compte qu'on le faisoit venir chez cette comtesse Du Barry qu'il n'avoit jamais vue. Lorsqu'il fut en présence de la comtesse, la peur qu'il ressentoit l'empêcha de reconnoître sa filleule. Celle-ci s'amusa à accroître l'embarras du bonhomme en lui demandant ce qu'il avoit fait de sa filleule, qu'elle avoit beaucoup connue chez le marchand de modes Labille. Le parrain avoua qu'il ignoroit ce que sa filleule étoit devenue; qu'après l'avoir vu commencer à se perdre, il n'avait plus voulu en entendre parler. La comtesse lui fit une belle morale à ce sujet, lui disant qu'il étoit peut-être cause que cette malheureuse étoit perdue tout à fait. Enfin, elle se fit reconnoître de son parrain, et l'assura qu'elle ne se souvenoit que des bienfaits qu'elle avoit reçus de lui. Le vieux financier sortit de cette entrevue dans le ravissement. Il vante surtout la bonne grâce et la bonté de la comtesse, qui s'est mise tout entière à sa discrétion pour les œuvres généreuses qu'il voudroit faire.

Madame Du Barry, après s'être vengée en ange des anciennes fureurs de son parrain, s'est vengée en femme des dédains passés de madame de La Garde. Elle s'est rendue chez cette financière dans ses plus beaux atours et dans son carrosse le plus doré. Elle a eu le plaisir de mortifier l'orgueil de la vieille folle, comme on l'appelle, et surtout de l'humilier par ses protestations de dévouement aux intérêts de ses fils, et de gratitude envers elle. Madame de La Garde est venue lui rendre sa visite; n'ayant pas trouvé madame Du Barry, elle lui a laissé un billet dans lequel elle lui demande humblement sa protection. Madame Du Barry a répondu tout de suite par le mot suivant :

« Versailles, 30 mai 1769.

« Je suis fâchée de ne m'être pas trouvée
« chez moi, Madame, quand vous vous êtes
« donné la peine d'y venir. Vous n'avez pas
« besoin de me demander ma protection, elle
« vous est acquise, et vous pouvez y compter,
« ainsi que sur mon estime. Je suis toute à
« vous.
« COMTESSE DU BARRY »

*
* *

La comtesse Du Barry est véritablement une âme charitable, quoi qu'en disent les mauvaises langues. Voici une histoire qui le prouve bien.

Une jolie petite paysanne de Liancourt, en Picardie, devint enceinte des œuvres de son directeur spirituel, le curé de Liancourt. Peu de tems avant sa délivrance, son curé mourut subitement. Il laissoit ainsi la pauvre fille sans ressources et sans secours. La paysanne accoucha d'un enfant mort. Comme elle avoit grande honte d'avoir eu pour amant le curé de sa paroisse, elle n'osa déclarer son enfant. Elle l'enterra sans plus de formalités, et sans en donner avis au bailliage, ainsi que le veut formellement la loi. La justice picarde fut plus cérémonieuse. Ayant appris tout cela par je ne sais quelle déposition de voisine jalouse de la pauvre fille, le bailly rendit une sentence par laquelle la paysanne fut condamnée à être pendue. Cette sentence fut confirmée par le parlement.

Mais un brave gentilhomme qui servait dans les mousquetaires noirs, M. de Mandeville, ayant su toute cette affaire, prit sur lui de sauver la pauvre fille-mère. Peut-être se croyoit-il pour quelque chose dans le fait; peut-être après tout cette supposition est-elle une calomnie de ma part, et n'agit-il que par pure humanité? Quoi qu'il en soit, il vint à Marly où se tenoit alors la cour, je veux dire où se tenoit la cour de madame Du Barry. Il envoya sur-le-champ à la comtesse ce billet assez adroit :

« Madame la comtesse, il est impossible que
« la beauté ne soit pas la compagne inséparable
« rable de la bonté. C'est à celle-ci que je
« m'adresse pour solliciter de vous une prompte
« audience. Il ne s'agit pas d'obtenir une faveur,
« veur, mais bien de sauver la vie à une créature
« ture infortunée qui n'a été coupable que
« d'ignorance. J'attends à votre porte avec une
« vive anxiété votre réponse, qui, je l'espère,
« sera favorable.

« J'ai l'honneur d'être avec un profond respect,
« pect,

 « Madame la comtesse,

  « Votre très humble et très dévoué
  « serviteur,

   « DE MANDEVILLE
  « Mousquetaire noir, au service de Sa Majesté.

La comtesse fut préoccupée de ce billet, qui la flatta singulièrement. Aussi nous le montroit-elle hier avec un petit air de contentement qui lui alloit à ravir. Elle fit introduire près d'elle M. de Mandeville. Celui-ci se présenta comme un vrai mousquetaire qui va faire une bonne action. Son élégance, la sensibilité qu'il montra, ses manières de bonne maison, hautaines et respectueuses en même temps, lui attirèrent tout d'abord les bonnes grâces de la comtesse. Il sut si bien parler de la pauvre paysanne, que madame Du Barry en avoit encore les larmes aux yeux en nous contant cette histoire :

« Figurez-vous, nous disoit-elle, un galant mousquetaire me racontant, avec des détails pleins de sensibilité et de noblesse, l'aventure de cette malheureuse fille qui vouloit cacher sa faute à tous les yeux et sauver la mémoire de son curé. C'étoit tout à la fois burlesque et attendrissant. »

Après avoir assuré le beau mousquetaire de la part qu'elle prenoit à cette affaire, madame Du Barry a écrit au chancelier cette belle lettre qui ferait honneur à une élève de Jean-Jacques. Pour marquer le cas qu'elle faisoit du mousquetaire, c'est lui-même qu'elle a chargé de porter cette lettre à M. de Maupeou.

« 6 juillet 1769.

« Monsieur le Chancelier,
« Je n'entends rien à vos lois. Elles sont in-
« justes et barbares; elles sont contraires à la
« politique, à la raison, à l'humanité, si elles
« font pendre une jeune fille accouchée d'un
« enfant mort, sans l'avoir déclaré. D'après le
« mémoire ci-joint, la suppliante est dans ce
« cas. Il paroît qu'elle n'est condamnée que
« pour avoir ignoré la règle, et pour ne pas s'y
« être conformée par une pudeur bien naturelle.
« Je renvoie l'examen de l'affaire à votre équité;
« mais cette infortunée mérite de l'indulgence.
« Je vous demande au moins une commuta-
« tation de peine, votre sensibilité vous dic-
« tera le reste.
« COMTESSE DU BARRY. »

M. de Maupeou répondit aussitôt, toujours par l'entremise du sensible mousquetaire :

« 6 juillet 1769.

« Madame et chère Cousine,
« Je ne puis vous dire combien je vous sais
« bon gré de m'avoir procuré une occasion de
« vous prouver mon parfait dévouement. Je
« saisirai toutes celles qui se présenteront,
« avec un zèle qui ne vous permettra jamais
« aucun doute sur tous les sentimens que je me
« fais gloire de vous avoir voués. Je viens d'or-
« donner un sursis sur l'affaire à laquelle vous
« vous intéressez. Aussitôt que les pièces m'en
« auront été communiquées, je ferai avoir la
« grâce à l'accusée. Il ne conviendroit pas trop
« au chef de la magistrature d'approuver hau-
« tement vos déclamations contre les lois que
« sa place le met dans la nécessité de faire
« observer. Je ne puis, cependant, ma chère
« cousine, m'empêcher de convenir qu'elles
« seraient infiniment supérieures, si elles
« avoient été dictées par un génie aussi éclairé
« et aussi bienfaisant que le vôtre. Vous en

« donnez une preuve bien éclatante par l'hu-
« manité que vous montrez aujourd'hui, et je
« n'aurais pas besoin de ce nouveau trait de
« votre sensibilité, pour être convaincu que
« notre maître ne pouvoit faire un choix plus
« glorieux. Adieu, mon adorable Cousine, sou-
« venez-vous toujours que vos moindres désirs
« seront des ordres pour moi.

« Je suis avec respect, votre cousin tout dé-
« voué,

« De Maupeou. »

Ce titre de cousine que M. de Maupeou donne à madame Du Barry est un véritable coup de maître en courtisanerie. Comme les comtes Du Barry ont prouvé qu'ils tenoient aux Barimore d'Angleterre, M. de Maupeou s'est dit allié à cette grande famille. Il part de là pour nommer madame Du Barry sa cousine. C'est un cousinage d'outre-mer. Le roi en est enchanté. Le grand chancelier oublie tout pour cette nouvelle parenté. Un jour qu'il rendoit visite à madame Du Barry, tous ceux qui se trouvoient là s'étant levés pour rendre honneur à sa dignité : « Ne vous dérangez pas, messieurs, dit le grand chancelier, je ne suis ici qu'un cousin qui vient baiser la belle main de sa cousine. »

Tout iroit bien, si la comtesse Du Barry ne s'étoit pas laissé emporter, par une jalousie de femme, à mal parler de madame la Dauphine. « C'est une rousse! dit-elle; qui peut vanter ses attraits? On ne parleroit pas de celle qui possède tout cela, si elle n'étoit de la maison d'Autriche ! » Ce propos fut rapporté à la Dauphine ; ce sont de ces crimes qu'une femme ne pardonne pas. Il y avoit eu déjà des difficultés entre la favorite et la Dauphine, qui soutient le duc de Choiseul. Madame la Dauphine protége aussi mademoiselle Clairon, et on fit jouer *Athalie* à cette vieille actrice qui n'en peut mais, au détriment de mademoiselle Dumesnil. Madame Du Barry fit jouer *Sémiramis* à mademoiselle Dumesnil. Elle lui fit présent d'une robe de cinquante louis, lui prêta ses diamans et organisa une cabale. Le succès de cette actrice fut complet. Madame la Dauphine fut indignée de ce procédé, et Monseigneur le

Dauphin dit que « s'il étoit certain que la Dumesnil se fût prêtée à l'intention de la Du Barry, il ferait fouetter l'actrice en présence de la comtesse. » A quoi celle-ci répondit que ce seroit le premier acte de virilité de Monseigneur le Dauphin, faisant ainsi allusion à l'impuissance prétendue de ce prince. Madame Du Barry a été exclue des invitations aux bals donnés par madame la Dauphine. Le roi s'est mêlé de toutes ces querelles comme à son ordinaire, c'est-à-dire passivement. Mais le crédit de la comtesse ne diminue en rien, malgré toutes ces sourdes menées. Le roi ne vit que pour elle et ne s'occupe guère que d'elle. Il y a quelques jours qu'il lui a pris fantaisie de faire le mariage d'une des femmes de chambre de la comtesse. Cette fille, qui fut la maîtresse du comte Jean Du Barry et qui étoit tombée dans la misère, d'où l'a tirée la comtesse, a épousé un nommé Langibeau. Le roi lui a donné quarante-cinq mille livres et de très beaux diamans pour présent de noces, plus un emploi de dix mille livres par an au nouvel époux.

Madame Du Barry n'oublie par les siens dans la distribution des faveurs du roi; les membres de la famille de son mari, surtout, y ont une large part. Le comte Jean puise à pleines mains dans les coffres du trésor; ses bons sont reçus comme argent comptant par le contrôleur général Du Terray, et Dieu sait le bon usage que fait le *Roué* de ses richesses. Le chevalier Du Barry, un autre frère du roi, qu'on a découvert au camp de Compiègne, a donné l'exemple d'une magnificence peu ordinaire à un simple officier.

A notre deuxième voyage à Chantilly, lors du retour de Compiègne, M. de la Tour du Pin, colonel du régiment de Beauce, s'est attiré une réprimande du ministre, pour avoir fait rendre les honneurs militaires à madame Du Barry, qui avoit donné un grand repas à tous les officiers. La comtesse n'a pas oublié cette réprimande, et elle le fait voir toutes les fois qu'elle en trouve l'occasion. Le neveu de Du Barry, le vicomte Adolphe, a été nommé cornette surnuméraire dans la compagnie de chevau-légers du duc d'Aiguillon, à la place du duc de Pecquigny, depuis duc de Chaulnes. Bref, toute la famille se ressent du bon cœur et de la haute position de la favorite, mais un des membres de cette famille mérite réellement peu les grâces qui tombent sur eux.

Le roi est triste; le roi est superstitieux, le roi a soixante-deux ans, et je ne sais quel prophète de malheur lui a dit que l'année prochaine, 1773, et la soixante-troisième de son âge, lui seroit une année funeste. Ils l'appellent l'année climatérique; du diable, si je sais ce qu'ils entendent par là; je doute fort qu'ils le sachent bien eux-mêmes. Mais ces médecins et ces prophètes sont la cause de la tristesse générale qui règne dans ce pays-ci. Les prophètes font peur pour l'an prochain, les médecins font peur l'an présent. Le roi a été un peu malade : on s'est hâté de lui représenter que le bien de ses peuples exigeoit qu'il se ménageât davantage : « Oui, a dit le roi à La Martinière, son chirurgien, je vois bien qu'il faut que j'enraie. — Dites plutôt qu'il faut dételer, » a répondu le brutal.

Madame Du Barry a souffert un peu de cet

état de maladie et d'inquiétude du roi. Un jour qu'elle lui reprochoit en riant les grands éloges qu'il faisoit souvent des charmes de madame la princesse de Lamballe : « En seriez-vous jalouse ? demanda-t-il brusquement. — Oui, Sire, car on prétend que vous voulez l'épouser. » La comtessse croyoit plaisanter en répétant ce bruit qui avoit effectivement couru les antichambres, mais le roi lui repartit avec une certaine vivacité : « Eh ! Madame, je pourrois plus mal faire ! » Ce compliment arrêta court les plaisanteries de la favorite.

Ses ennemis ont appris cela, on sait tout ici, et ils se sont empressés de faire faire de nouvelles remontrances au roi. Ils espéroient que la mauvaise humeur royale persisteroit. Pour que leurs remontrances fussent plus favorablement reçues, ils eurent la sottise de les faire faire en vers, ce qui étoit le vrai moyen d'empêcher le roi d'y prendre garde. En voici un échantillon :

Diane, Bacchus et Cythère
De ta vie abrégent le cours :

Renvoie, il en est temps encore,
L'impure qui te déshonore,
Chasse tes indignes amours.

Ce printems s'annonçoit mal. Malgré la prodigalité des comédiennes qui se sont fait traîner à Lonchamps dans des conques d'ivoire avec des chevaux harnachés d'or; malgré les folies ruineuses que nous imaginons pour suivre de loin les splendeurs de la comtesse; malgré que nous ayons tous le diable au corps pour faire croire que nous nous amusons, le printems a été constamment « au nébuleux », comme dit cette vieille coquette de madame de Langeac. Nous n'avons commencé à nous amuser qu'à Marly. Le roi a repris ses promenades quotidiennes à la chapelle de madame Du Barry, je veux dire au pavillon de Luciennes, plus coquet encore que l'an passé. Le « séjour des champs », pour employer une expression que l'abbé Delille a mise à la mode dans un certain monde, a refait la santé du roi. Avec la santé sont revenus le calme, la sérénité et la gaieté du maître. Hier, dans la matinée, le roi venoit de déjeûner à Luciennes, et Sa Majesté faisoit sa sieste dans le petit salon tendu de perse, dont l'ameublement vient d'être renouvelé en secret par les soins du roi. Zamore, le laid négrillon, jouoit avec Phénix, un petit singe du Brésil, et le nègre luttoit de grimaces et d'agilité avec le singe. Pendant ce temps la comtesse bavardoit avec une perruche couleur feu. Le roi ne dormoit pas, il contemploit ce tableau et rioit souvent des singeries de Zamore, qui l'emportoient sur les singeries du singe : « A propos, Sire, dit tout à coup la comtesse, j'ai une grâce à vous demander. — Mon Dieu ! que le métier de roi est ennuyeux ! s'écria Sa Majesté, on n'a jamais le tems de rire ; et si, par hasard, on vous voit sourire, on en veut profiter pour vous arracher des grâces et des faveurs. » Mais, en parlant ainsi, le roi rioit, et ses yeux sembloient dire à la comtesse : Demandez... et vous obtiendrez.

« — Ce n'est pas pour moi que je sollicite, répondit madame Du Barry, c'est pour un pauvre être dont tout le monde s'amuse, mais que tout le monde repousseroit si je n'étois plus là.

— Bon, dit le roi, j'y suis, vous voulez parler de Dorine, votre épagneul, qui mourra bien certainement d'une indigestion de gimblettes. Que voulez-vous pour elle, une pension ? — Non, Sire, ce n'est pas cela. — Alors vous craignez pour l'avenir de Phénix, ce petit ouistiti qui est plus méchant encore que Dorine ? — Non, Sire, ce n'est pas encore cela. J'aurai toujours bien, j'espère, des gimblettes et des noix pour Dorine et Phénix. Mais je crains pour l'avenir de Zamore. Le voilà grand garçon maintenant, car il a ses douze ans, et je voudrois lui voir un emploi. — Soit, dit le roi en riant, je le nomme premier Singe du roi de France. — Non, Sire, la mode n'est plus aux bouffons royaux ; je désire quelque chose de sérieux. — Voulez-vous un gouvernement ? je l'enverrai en Guyenne à la place de M. de Richelieu. Ce me seroit une occasion de punir les Gascons de leurs mauvais propos sur moi. — Zamore leur apprendroit comme on fait respectueusement la grimace au roi, répondit la comtesse. Mais je désire ne pas m'en séparer. — Eh bien ! dit le roi, j'érige Luciennes en fief souverain, en province du roi, et je nomme M. Zamore gouverneur à vie avec les appointements de six cents livres. Est-ce cela ? — Oui, Sire, vous êtes le meilleur des rois. » Et la comtesse se tourna vers Zamore et lui dit : « Venez ça, monsieur le mauricaud, et remerciez Sa Majesté de ses bienfaits. » Le négrillon vint se mettre à genoux devant le roi, et, pour remercier Sa Majesté, il lui fit sa plus belle grimace.

Aujourd'hui le chancelier a reçu l'ordre d'expédier le brevet du singe Zamore. Ce maraud-là a plus de chance qu'un honnête gentilhomme. Je le déteste, je n'ai jamais bien su pourquoi, c'est peut-être parce qu'il mord mieux que le duc d'Ayen, mon si méchant ami.

**

Le commencement de ce mois de février a été signalé par une affaire aussi grave que la flagellation de madame de Rozen. Madame Du Barry avoit commandé un bec de diamans aux Roettiers, orfévres du roi. Madame la

Dauphine en ayant été instruite, et voulant venger la dame de compagnie de sa belle-sœur, résolut de jouer un tour de pensionnaire à la favorite.

Elle fit mander l'un des orfévres ; ce fut Roettiers fils qui vint. Madame la Dauphine lui demande un bec de diamants, le plus beau, le plus élégant qu'il pourra faire. Le jeune homme répond qu'il a un modèle, le plus riche qu'on puisse voir. Il court chez lui et en rapporte le bijou commandé par madame Du Barry. C'est là où l'attendoit la Dauphine. Elle essaye ce bec de diamans, le trouve à son goût et déclare qu'elle le veut garder. Le pauvre Roettiers est à la torture, mais peut-il refuser à madame la Dauphine ? Cependant il balbutie, il se trouble, il avoue que ce bijou est destiné à madame Du Barry : « Qu'à cela ne tienne, dit la Dauphine, je prends sur moi de faire agréer à la comtesse la fantaisie que j'éprouve de garder son bec de diamans. »

Elle va chez le roi et lui demande son avis sur cette nouvelle parure. « Mais elle vous sied à ravir, » répond Louis XV. La Dauphine raconte au roi que ce bec de diamans a été commandé par madame Du Barry ; qu'elle a désiré l'avoir, « car, après tout, dit-elle, puisqu'il me va si bien, la comtesse ne trouvera pas mauvais que je me fasse belle à ses dépens. Elle est assez belle d'elle-même pour se passer d'un bijou. » Le roi rit, et va taquiner la comtesse sur ses malheurs en joaillerie. Madame Du Barry comprit, à la gaieté du roi, qu'il falloit faire bon cœur contre fortune, et elle déclara qu'elle étoit trop heureuse de savoir que son goût fut celui de madame la Dauphine, pour ne pas être charmée de voir son bijou en de si belles mains.

Les vers et les épigrammes deviennent rares, mais les mauvais plaisants sont de plus en plus grossiers ; la police, dit-on, ne peut empêcher ces scandales. J'ai choisi dans la foule des vers orduriers ceux-ci, qui sont les moins détestables :

> *Vous verrez le doyen des rois*
> *Aux genoux d'une comtesse*
> *Dont jadis un écu tournois*
> *Eût fait votre maîtresse.*

. . . .
Au premier bobo qu'il aura,
Notre bon sire, en prière,
Pieusement la logera
A la Salpêtrière....

Dans ces vers on parle du duc d'Aiguillon comme de l'amant de la comtesse. Il y a longtems que ce bruit a cessé d'occuper la cour, mais la ville et les gazetiers s'en sont emparés. Je ne puis jurer que c'est une calomnie, car, moi-même, j'ai failli être convaincu de la vérité de cette assertion.

J'aime mieux l'épigramme du *Gaulois*, qui a du moins le mérite de paroître naïve, ce qui est un mérite dans un temps où le nom de *roué* est encore un éloge.

Un bon Gaulois, éperdu, consterné,
De son pays déploroit la ruine :
Il en cherchoit vainement l'origine;
Elle échappoit à son esprit borné.
De sa bêtise un plaisant étonné
Lui dit : Viens ça, benêt, je veux t'instruire.

Écoute-moi : dans ce siècle tortu,
Lorsqu'une nymphe, au comble du délire,
Tient dans ses mains les rênes d'un empire,
Comme elle, ami, cet empire est fichu.

Madame Du Barry, malgré son insousiance d'enfant, sent comme une menace planer dans l'air. C'est en vain qu'elle a fait disparoître tous les exemplaires de cet *Almanach de Liége* qui disoit : « Dans le mois d'avril, une dame des plus favorisées jouera son dernier rôle, » elle n'en tremble pas moins. Et il arrive souvent que le roi et sa maîtresse se regardent en soupirant et disent ensemble : « Quand donc ce maudit mois sera-t-il passé ? »

Le roi est très mal ; Mesdames Royales ne le quittent pas, non plus que madame Du Barry. Malgré la volonté de la comtesse, le chirurgien Lamartinière a fait transporter le roi à Versailles. Ce voyage l'a tué à demi. L'archevêque de Paris est venu pour l'administrer ; il y a eu à ce sujet une discussion singulière. Les partisans de Choiseul vouloient que le roi fût administré, afin d'obtenir l'expulsion de la comtesse, que l'archevêque réclamoit préalablement ; les amis de la comtesse s'opposèrent à l'administration des sacrements. Ainsi, dans « cet agiotage et ce trafic de la conscience du « roi, » comme a dit M. de la Roche-Aymon, les philosophes tenoient pour les sacrements, et les alliés des jésuites, tels que d'Aiguillon, Maupeou, Bertin, les ducs de Fronsac et de Richelieu, tenoient contre. C'est que tous les intérêts se rapportoient alors à la Favorite. Le curé de Versailles, ayant appris que monseigneur de Beaumont étoit retourné à Paris sans avoir administré le roi, vint jusque dans la chambre royale. Comme on le menaçoit de le jeter par la fenêtre, il répondit : « Si vous ne me tuez pas du coup, je rentrerai par la porte, car c'est mon droit. »

Après bien des consultations, des tergiversations, des conciles et des pourparlers, il a bien fallu dire au roi qu'il avoit la petite vérole et une ou deux autres maladies aussi dangereuses. L'étiquette veut que tout membre de la famille royale reçoive l'extrême-onction aussitôt qu'il est reconnu attaqué de la petite vérole. Le grand aumônier a donc dû administrer le roi. Dès le matin, Louis XV avoit fait dire à madame Du Barry qu'il vouloit qu'elle se rendît à Ruel, chez madame d'Aiguillon, « afin d'éviter les scènes de Metz. » Avant de donner l'hostie au roi, le grand aumônier déclara, au nom du roi, trop foible pour parler, « que Sa Majesté étoit fâchée d'avoir causé du scandale à ses sujets, et qu'elle ne vouloit vivre désormais que pour le soutien de la foi et de la religion et le bonheur de ses peuples. »

A Ruel, la comtesse a trouvé le lit de la duchesse d'Aiguillon trop dur, et elle a fait venir son coucher de Luciennes. Elle ne désespéroit pas de la position. Hier encore, un monde de courtisans est allé lui rendre visite ; mais je crois que Ruel sera bien désert demain.

Le ministre du prince Auguste des Deux-Ponts est venu rappeler à madame Du Barry que Son Altesse Sérénissime lui offroit toujours un asile à Deux-Ponts, « où l'amitié s'efforceroit de faire oublier à la comtesse le séjour de France. » Madame Du Barry n'a pas accepté cette offre; je crois que c'est un tort : le Dauphin, qui sera demain le roi, pourra bien lui donner un plus triste asile.

Ce matin, avant la nouvelle positive de la mort du roi, on faisoit courir déjà ce quatrain :

> *Remplissant ses honteux destins,*
> *Louis a fini sa carrière.*
> *Pleurez, coquins; pleurez, catins,*
> *Vous avez perdu votre père.*

On prétend que ces vers ont été inspirés par un mot de Sophie Arnould. Cette courtisane auroit dit, en faisant allusion à la mort imminente du roi et à l'exil certain de la comtesse : « Eh bien ! nous allons donc être orphelines de père et de mère ? »

Deux jours après la mort du roi Louis XV, un exprès vint de Versailles à Ruel signifier à madame la comtesse Du Barry une lettre de cachet, signée du duc de La Vrillière. Par cette lettre, il étoit ordonné à madame Du Barry, pour raison d'État, de se rendre à l'abbaye du Pont-aux-Dames : « Le beau f.... règne, qui commence par une lettre de cachet ! », s'est écriée la comtesse en recevant l'ordre du roi Louis XVI.

Le jour même, madame Du Barry s'étoit rendue à Pont-aux-Dames. C'est un séjour peu riant, où la pauvre comtesse aura plus d'un sujet de regretter son pavillon de Luciennes. Hélas ! qu'il y a loin, en effet, de cette sombre retraite, bâtie par les rois carlovingiens, à ce boudoir mythologique, à ce temple élevé à l'amour par une Vénus moderne !

Toute la famille des Du Barry a quitté la cour. Le comte Jean, qui est le plus compromis aux yeux du public, s'est réfugié en Suisse. Les deux belles-sœurs sont retournées à Toulouse. Mademoiselle de Tournon, la femme du marquis Du Barry, parle de reprendre son nom de famille ; en attendant, elle a remplacé la livrée des Du Barry par un surtout gris que portent déjà tous ses gens. Les ennemis de la comtesse, ou, pour mieux dire, les amis de M. de Choiseul (car cette pauvre comtesse ne peut avoir d'ennemis, puisqu'elle n'a jamais fait de mal à personne), ceux-là font déjà courir mille bruits ridicules : « Les tonneliers auront de l'occupation, disent-ils, car tous les barils fuient. »

On chante dans les rues cette odieuse complainte, dite des *Cinq-Ponts* :

Les ponts ont fait époque dans ma vie,
Dit l'Ange en pleurs dans sa cellule en Brie :
Fille d'un moine et de Manon Giroux,
J'ai pris naissance au sein du pont aux Choux;
A peine a lui l'aurore de mes charmes,
Que le pont Neuf *vit mes premières armes;*
Au pont au Change *à plaisir je fêtais*
Le tiers, le quart, soit noble, soit bourgeois.
L'art libertin de rallumer les flammes,
Au pont Royal, *me mit le sceptre en main;*
Un si haut fait me loge au Pont-aux-Dames,
Où j'ai bien peur de finir mon destin.

On raconte partout ce mot d'un bouffon, le sieur Goys, connu de toute la ville pour son talent à contrefaire l'Anglais, ce qui l'a fait surnommer milord Goys. C'était un ami du comte Jean. Lors de la mort de Louis XV, le *Roué* alla trouver le milord et lui demanda conseil sur ce qu'il avoit à faire. L'autre se frotte le front : — « Ma foi, mon cher comte, l'écrin et des chevaux de poste ! — Quoi ! Vous me conseillez de fuir comme un coquin ? C'est impossible ! » L'autre se refrotte le front : « — Vous avez raison, prenez des chevaux de poste et l'écrin ! »

Voilà de quelles plaisanteries s'amuse la canaille.

*
* *

Madame Du Barry vient de quitter l'abbaye de Pont-aux-Dames. Cet exil étoit devenu presque cher à la comtesse dans ces derniers temps, mais « l'ennui naquit un jour de l'uni- « formité ». Madame Du Barry avoit obtenu, depuis longtems déjà, d'avoir de la compagnie à Pont-aux-Dames. Son architecte lui avoit même bâti un diminutif de Luciennes ; et elle avoit retrouvé autour d'elle toutes les meilleures amitiés de sa splendeur. Nous allions la voir ; sa belle-sœur Chon restoit avec elle ; ses femmes de chambre la paroient presque comme en ses beaux jours de royauté ; les religieuses ne négligeoient pas sa table, qui étoit servie comme à Versailles ; mais, malgré tout cela, la règle du couvent pesoit toujours sur cette folle tête, si bonne d'ailleurs. Elle s'est soumise à toutes les exigences de la règle monastique ; les sœurs parloient d'elle avec respect. « Qu'il y a loin de ce que nous voyons aux petits levers de Versailles ! me disoit M. de Brissac, un matin que nous venions d'accompagner la comtesse à la première messe. Madame Du Barry dissimuloit mal l'ennui qui la rongeoit ; aussi s'est-elle décidée dernièrement à écrire à M. de Maurepas, qui remplace le duc d'Aiguillon, cette lettre simple et digne :

     Pont-aux-Dames, 7 janvier 1776.

« Monsieur le Comte,
 « On m'a fait l'honneur d'une lettre de ca-
« chet après la mort du feu roi, afin de ne pas
« exposer les secrets de l'État. Si j'en ai connu

« quelques-uns, je les ai oubliés avec cette
« égèreté qui m'est naturelle. Il n'y a que trois
« choses dont j'ai conservé un plein souvenir,
« les bontés du feu roi, mes torts envers ma-
« dame la Dauphine et la générosité de la
« reine pour les oublier. J'ai fait peu de mal,
« j'ose le dire ; j'ai rendu des services ; je ne
« m'en ferai cependant pas un droit ni un
« titre. Je tiens à tout obtenir de votre cour-
« toisie, vous êtes trop spirituel pour voir en
« moi une personne à craindre, et trop galant
« pour vous refuser à rendre une femme heu-
« reuse. Je demande la permission d'habiter
« Luciennes ; je vous assure, monsieur le
« comte, que je ne suis pas dangereuse, et la
« rigueur, même la plus juste, doit avoir un
« terme.
 « Comtesse Du Barry. »

Le comte de Maurepas a répondu, courrier par courrier :

« Madame la Comtesse,
« Vous m'avez charmé en vous adressant à
« moi. Oui, sans doute, votre exil doit avoir un

« terme; votre douceur, la réserve que vous
« avez gardée dans la disgrâce, vous ont donné
« droit à une auguste indulgence; tout mon
« mérite a été de la provoquer. Vous pouvez
« demeurer à Luciennes et êtes libre d'aller à
« Paris. Veuillez accepter mes remerciements
« de la bonne opinion que je vous ai inspirée.

« Comte de Maurepas. »

Ce n'est point une retraite monacale que le petit château de Luciennes : on y vit gaiement, on reçoit bonne compagnie, on chante l'opéra, on joue des proverbes, on rit, on danse, on aime! C'est un séjour que je préférerois à la cour, si mon devoir ne me retenoit pas à cette cour un peu froide, qui affecte d'être vertueuse et qui tourne à l'élégie champêtre. Dans son exil, madame Du Barry peut se comparer au duc de Choiseul après sa chute : comme lui elle a conservé ses amis, comme lui elle en a acquis de nouveaux. Elle a une vraie petite cour à Luciennes; malheureusement pour moi, je ne puis m'y rendre que de loin en loin. Mes notes deviendront rares ; mais, à part quelques anecdotes amusantes, qu'aurai-je à dire ? sinon le calme, la gaieté, l'insouciance, l'amour qui règnent à Luciennes. Le bonheur tranquille, le bonheur qui se cache, le bonheur vrai ne se raconte pas, et la comtesse est heureuse de ce bonheur-là.

Cela n'empêche pas madame Du Barry de se mêler de tems en tems aux préoccupations de la vie parisienne. Au mois de janvier dernier, elle n'a pas manqué de se faire inscrire d'avance pour assister à la réception de M. Ducis à l'Académie. Elle a même été plusieurs fois, pendant le carnaval, au bal de l'Opéra, où elle a trouvé l'occasion de se moquer du duc de Chartres, dont la bravoure à Ouessant a fait rire ici tout le monde. Elle s'est bien gardée de perdre cette occasion. Comme elle passoit en domino, au bras du duc de Cossé, qui étoit aussi en domino, devant M. le duc de Chartres, le comte de Genlis se trouvant près du prince lui fit remarquer l'élégance et la noblesse du plus petit de ces deux dominos : « Ce doit être une jolie fille, » dit le mari de madame de Genlis. Le prince alla regarder impertinemment le masque. « Elle se cache bien, dit-il ; ce doit être une beauté passée. — Oui, Monseigneur, tout comme votre renommée guerrière, » répliqua madame Du Barry en s'enfuyant au bras de son cher domino.

Madame Du Barry n'a rien perdu de cette gaieté qui fit les délices du roi Louis XV. Si on a pu craindre un moment que cette aimable vivacité de repartie qui distingue son esprit fût anéantie par les malheurs passés, on ne peut plus conserver cette crainte. La comtesse est plus vive et plus follement spirituelle que jamais. J'en ai eu, il y a deux jours, une nouvelle preuve. On venoit de raconter que le roi, mécontent de voir son auguste compagne faire chaque jour des parties de nuit, soit à la comédie, soit au bal, et rentrer très tard, avoit donné l'ordre de ne laisser entrer aucune voiture dans la grande cour passé onze heures du soir. Le jour même où cet ordre avoit été donné, la reine étoit partie, comme de coutume, avec son beau-frère M. le comte d'Artois. N'étant rentrée qu'à une heure du matin, elle s'étoit vu refuser l'entrée, et fut obligée de faire un long détour pour rentrer par la petite porte du château. Le roi dit le lendemain matin qu'ayant l'habitude d'être couché à onze heures, il ne vouloit pas de bruit dans la cour pendant la nuit. « Bon, dit madame Du Barry, les rôles sont changés; de mon temps c'étoit le roi de France qui couroit la nuit, et c'étoit lui qu'on laissoit quelquefois à la porte; il paroît maintenant que c'est le roi qui dort et les autres qui veillent. »

En me faisant l'historiographe de madame Du Barry, je ne me suis pas fait, Dieu merci! historiographe de France. Quels bouleversements! Qui eût jamais osé prédire cela du temps du feu roi? je viens de voir la majesté royale traînée, avilie, raillée, méconnue par une multitude furieuse que n'arrête plus aucun frein. Je viens de voir..., mais je laisse à d'autres plus dignes le soin de retracer ces scandales et ces abominations, qui forment la lamentable histoire des temps où nous sommes!

Je voudrois fuir ce malheureux royaume, où une vile populace menace d'égorger son souverain, le meilleur, le plus paternel, le plus foible des rois! Mais ce n'est pas à l'heure des périls qu'un bon serviteur abandonne son maître. Tout au plus puis-je permetttre à mon esprit, fatigué des horreurs inouïes qui se commettent au grand jour, de retourner un peu dans cette douce et paisible solitude de Luciennes. « Le bonheur seul ne compte pas les jours, » a dit je ne sais quel poëte. Ces onze dernières années ont été onze beaux jours de bonheur, d'amour, d'oubli et de calme pour la comtesse Du Barry. La comtesse ne compte plus dans sa vie que son amour pour le duc de Cossé-Brissac, et son dévouement pour notre jeune et malheureuse reine. Madame Du Barry n'a pas craint de venir témoigner en faveur de sa bienfaitrice, dans cette si triste affaire du *collier* : cette démarche n'est-elle pas la plus belle preuve de la noblesse de son cœur et de la grandeur de ses sentiments? Cette pauvre comtesse! je ne songe pas sans frémir à l'isolement complet où vont bientôt la mettre les événements. Déjà la mort a frappé ses plus intimes amis : le duc d'Aiguillon, le chancelier Maupeou, le duc de Richelieu, le prince de Soubise, sont morts; les autres sont tous dispersés. Le roi, la reine, qui sont ses protecteurs, vont peut-être bientôt fuir ce pays maudit; mon devoir m'obligera de les suivre, de les précéder même pour leur ouvrir la seule voie de salut qui leur reste : l'appui des souverains étrangers. Il n'y aura plus que le duc de Cossé-Brissac qui restera près d'elle, sacrifiant tout à son amour. Si tous deux vouloient nous suivre! Mais la comtesse aime tant cette solitude de Luciennes! puis, elle ne voit rien de dangereux pour elle dans l'avenir : « Ne suis-je pas morte et oubliée depuis la mort du roi Louis XV? » dit-elle quelquefois en soupirant. Dieu veuille qu'elle ait raison! Mais on parle d'elle, elle n'est pas morte dans le souvenir des envieux et des lâches. L'héroïsme dont elle vient de faire preuve ne sera pas oublié par ceux dont elle a bravé la colère, pas plus qu'il n'a été méconnu par la charmante souveraine que menace cette colère. Madame Du Barry a recueilli et soigné quelques-uns des gardes du corps qui ont pu échapper à l'épouvantable boucherie qui vient d'avoir lieu dans le palais du grand roi, sur le seuil de ce Versailles où les peuples venoient adorer la majesté royale. La reine a fait remercier madame Du Barry; la comtesse a écrit immédiatement cette lettre à Marie-Antoinette, son ancienne ennemie, dont elle est devenue par reconnaissance la plus dévouée sujette :

« Ces jeunes blessés n'ont d'autres regrets
« que de n'être point morts pour une prin-
« cesse aussi digne de tous les hommages que
« l'est Votre Majesté. Ce que je fais pour ces
« braves est bien au-dessous de ce qu'ils méri-
« tent. Je les console, et je respecte leurs bles-
« sures, quand je songe, Madame, que, sans
« leur dévouement, Votre Majesté n'existeroit
« peut-être plus.

« Luciennes est à vous, Madame; n'est-ce
« pas votre bienveillance qui me l'a rendu?

« Tout ce que je possède me vient de la
« famille royale; j'ai trop de reconnoissance
« pour l'oublier jamais. Le feu roi, par une
« sorte de pressentiment, me força d'accepter
« mille objets précieux avant de m'éloigner de
« sa personne. J'ai eu l'honneur de vous adres-
« ser ce trésor du temps des notables; je vous
« l'offre encore, Madame, avec empressement.
« Vous avez tant de dépenses à soutenir et de
« bienfaits sans nombre à répandre! Permet-
« tez, je vous en conjure, que je rende à César
« ce qui est à César. »

Qu'ajouterai-je à cette lettre? Ne peint-elle
pas sous un nouveau jour toute l'âme de madame Du Barry? »

Pauvre comtesse! pauvre reine! j'ai hâte
de les voir toutes deux dans quelque pays
hospitalier, car l'avenir m'apparoît bien re-
doutable. »

Ici finissent les notes manuscrites, auxquelles est jointe la lettre suivante :

Paris, ce 10 décembre 1793.

« Dans votre dernière lettre, vous me priez, mon cher ami, de vous mander quelques détails sur madame Du Barry. J'ai attendu jusqu'à ce jour pour répondre à ce désir : d'abord, parce que je ne savois rien que vous ne connussiez déjà ; plus tard, parce que je voulois voir la fin du drame qui vient d'être joué par les bourreaux, avant de vous en donner avis. Maintenant, tout est fini. Hélas ! dans quel abîme sommes-nous tombés, et qui nous en sortira ? Ce que j'ai à vous apprendre est affreux, et me pénètre d'horreur. Bien que j'aie été témoin oculaire des scènes que je vais essayer de vous retracer, mon esprit veut encore ne pas croire à leur réalité. Et vous, mon pauvre ami, pourrez-vous me lire jusqu'au bout ?

« Vous vous rappelez que lors de votre départ, en 1790, pour la cour de Vienne, où vous nous avez rendu de si réels services, il était déjà bruit publiquement de la liaison intime de madame Du Barry et du duc de Brissac. Cette liaison était si bien connue, que l'infortuné Louis XVI ne voulut pas qu'on mît M. de Brissac dans la confidence de sa fuite, qui malheureusement s'arrêta à Varennes. « Le duc ne pourrait s'empêcher d'en parler à madame Du Barry, » avait dit le roi. Cette liaison est la première cause de la catastrophe qui vient d'avoir lieu ; l'autre cause est l'avidité insatiable de ces monstres qui guillotineroient sans pitié leur propre mère pour en recueillir la succession. Vous savez que M. le duc de Cossé-Brissac, grand panetier de France, capitaine-colonel des cent-gardes de la garde du roi, gouverneur de Paris, étoit, à tous ces titres, mal vu des féroces séides de la République naissante. L'envie, la haine, la rage, faisoient bonne garde autour de lui : c'est vous dire qu'elles surveilloient Luciennes, et s'habituoient à envelopper la comtesse Du Barry dans les mêmes projets de meurtre et de pillage. Vous avez appris sans étonnement, je crois, la belle mort de notre ami : à une époque comme la nôtre, où les plus charmans désœuvrés d'autrefois se font une gloire, comme vous, mon cher ami, de risquer mille fois leur vie pour relever le trône abattu, la mort héroïque du duc de Brissac n'a rien qui surprenne. Mais c'est là que doivent finir vos informations particulières en ce qui touche madame Du Barry. Tout au plus savez-vous que le 10 août 92 une bande de brigands vint jeter une tête sanglante dans le salon de Luciennes, en poussant des clameurs de cannibales et en disant : « Tiens, voilà la tête de ton amant ! » Étoit-ce réellement cette noble tête du duc de Brissac, ou étoit-ce celle du fidèle Maussabré, son aide de camp. C'est un doute que je n'ai pu éclaircir.

« Quoi qu'il en soit, cette terrible menace fut bientôt suivie d'exécution. Déjà, au commencement de 1791, les *Révolutions de Paris* avoient publié un article ou plutôt un réquisitoire contre madame Du Barry, à propos du vol de ses bijoux. Elle avoit fait coller sur tous les murs de Paris une affiche où on lisoit : « Deux mille louis à gagner : diamants et bijoux perdus, » puis suivoit une longue énonciation des objets volés. Ce fut une grave imprudence. Cette affiche attira l'attention de la cupidité; les patriotes pensèrent qu'il seroit beau de s'emparer de ces richesses au nom de la République. On espionna la comtesse dans les différents voyages qu'elle fit à Londres pour y retrouver les objets volés et poursuivre le procès des voleurs. L'espion Blache rapporta que la comtesse n'avoit fréquenté que des émigrés, qu'elle avoit été reçue par Pitt, et qu'elle avoit assisté en grand deuil au service funèbre célébré à Londres, le 25 janvier, pour le repos de l'âme du roi de France, assassiné le 21 du même mois.

« On conclut de là que le vol de diamants étoit simulé; que madame Du Barry avoit été à Londres pour entamer des négociations avec les princes, afin d'amener une contre-révolution.

« C'est ici, mon cher ami, que s'est montrée dans toute sa perversité l'âme vile de ces êtres pour lesquels on a inventé les *droits de l'homme*, et qui ne sont pourtant que les singes malfaisants de l'humanité. Ce furent tous ceux que la charmante comtesse avoit comblés de ses bienfaits, ce furent Salenave, son ancien chef d'office, Frémont, son ancien jardinier, et même Zamore, ce négrillon que vous haïssiez d'instinct, ce Zamore, l'esclave trop aimé peut-être de la maîtresse d'un roi, ce furent ceux-là qui jurèrent la perte de madame Du Barry. Il ne manqua même pas à cette liste d'ingrats assassins le nom d'Henriette! Oui, mon ami, cette Henriette si fêtée, si adulée par les courtisans de la comtesse, cette Henriette qui depuis vingt-trois ans était la confidente, l'amie, plutôt que la servante de madame Du Barry, cette Henriette dont le long dévouement paraissoit être à l'épreuve, n'a pas su résister à la crainte d'une dénonciation de complicité, peut-être même à l'appât d'une part dans les dépouilles de sa chère maîtresse condamnée.

« Mais je me laisse trop entraîner à mon indignation; je vais m'efforcer de vous raconter succinctement les forfaits qui ont amené la perte de notre chère comtesse.

« Pendant son dernier séjour en Angleterre, les scellés furent mis à Luciennes; il fallut que madame Du Barry adressât une réclamation aux administrateurs du district de Versailles, pour obtenir l'entrée de son habitation : c'est ce qu'on appelle le régime de la liberté. Cela se passait en février dernier. Il y avoit alors à Luciennes un nommé Greive, qui signe pompeusement : *défenseur officieux des braves sans-culottes de Louveciennes, ami de Franklin et de Marat, factieux et anarchiste de premier ordre, et désorganisateur du despotisme dans les deux hémisphères depuis vingt ans.* Ce Greive est un élève des philosophes ; il s'intitule en outre homme de lettres, vous l'avez sans doute déjà deviné. Au mois de juin, cet anarchiste de premier ordre, attiré par l'espoir d'un pillage, alléché par le récit des richesses que contenoit le château de Luciennes, ce soi-disant ami de Franklin se mit à la tête des anciens domestiques de la comtesse, et fit rédiger par le club dont il étoit l'âme une adresse aux *citoyens administrateurs.* Dans cette adresse, on se servoit des dépositions d'un nommé Blache, espion qui avoit surveillé madame Du Barry en Angleterre. On y dénonçoit une chaîne d'aristocrates des deux sexes qui, du département de Seine-et-Oise, tendoit la main à l'insurrection royaliste d'Eure-et-Loir. On demandoit aux citoyens administrateurs la publication de la loi du 2 juin : cette loi, comme vous savez, c'est l'horrible loi *des suspects*. Armés du texte de cette loi de cannibales, que les administrateurs s'empressèrent d'accorder aux désirs des « bons citoyens de Luciennes », les membres de la commune se hâtèrent de dresser une liste de suspects. On mit en tête madame Du Barry. Celle-ci, instruite de ce qui se passoit, dépêcha son valet de chambre, Morin, avec Labondie, auprès des membres de l'administration. Ces fidèles serviteurs plaidèrent si bien la cause de leur maîtresse, qu'au moment où le maire et les municipaux, ayant Greive à leur tête, venoient pour arrêter madame Du Barry, le citoyen Boileau, membre du district, arrivoit chargé de réprimander la municipalité et de réinstaller la comtesse chez elle. La loi du 2 juin devoit subir des modifications restrictives, mais si peu de chose ne pouvoit arrêter le zèle du sans-culotte Greive. Il rédigea une autre adresse, la fit signer par tout son club, et, le 3 juillet, il traînoit le maire et les municipaux de Louveciennes à la barre de la Convention. Là, il lut sa nouvelle dénonciation, dans laquelle il appeloit l'attention de la « sage Assemblée » sur une femme qui avoit su, « par ses richesses et ses caresses apprises à la cour d'un tyran crapuleux, » échapper à la déclaration des droits de l'homme. « Cette femme, » disoit-il, « a fait de son château le centre des projets liberticides contre Paris, commencés par Brissac; elle insulte par son luxe aux souffrances des malheureux dont les époux, les pères, les frères et les enfants versent leur sang pour l'Égalité. » Cette femme, c'étoit « la Du Barry, dont l'arrestation est indispensable pour détruire les vestiges d'une fausse grandeur qui fascine les yeux des bons et simples habitans des campagnes, et pour mettre en pratique les principes de l'égalité. »

« Thuriot, le digne président des régicides, répondit à cette adresse que la Convention applaudissoit à ces nouvelles preuves de patriotisme données par la commune de Louveciennes. « Les faits, » ajouta-t-il, « que vous venez de dénoncer contre une femme trop longtems célèbre pour le malheur de la France, sont des faits trop graves pour que la Convention ne s'en émeuve point. S'ils sont prouvés, soyez sûrs que sa tête tombera sur l'échafaud. »

« Aussitôt Greive et ses acolytes vinrent arrêter madame Du Barry et la renfermèrent dans la maison d'arrêt de Versailles. Ce fut en vain que le procureur-syndic, Goujon, voulut s'opposer à cette arrestation, opérée contre le vœu des habitants de Luciennes; ce fut en vain que tous les habitants présentèrent une contre-adresse au comité de sûreté générale pour obtenir la liberté de madame Du Barry. Ce fut encore en vain que le comité renvoya la comtesse devant le département, qui ordonna sa mise en liberté. L'anarchiste Greive et ses amis étoient trop altérés de pillage pour lâcher une si belle proie. Greive fit publier aussitôt un pamphlet : *L'égalité controuvée*, dans lequel il accuse Lavalerie, membre du département, de vouloir parer, par des motifs personnels, « les coups qui menacent la tête *à demi sacrée* de cette ancienne distributrice des grâces de la cour. » J'ai sous les yeux cette abominable production, qui est pour ainsi dire l'histoire du procès de madame Du Barry. C'est là où j'ai pu puiser les tristes renseignemens que je vous ai donnés jusqu'ici. C'est au risque de payer de ma vie mon ardente curiosité, que j'ai su en détail ce qui va suivre.

« Dans l'écrit de Greive, madame Du Barry fut fort étonnée de trouver des renseignements domestiques qui n'avoient pu être fournis que par des gens de sa maison. Déjà elle avoit eu à se plaindre des fréquentations de Zamore; ses soupçons tombèrent sur lui, et elle le chassa. Hélas! tous les siens la trahissoient déjà. Ceux qui avoient voulu lui rester fidèles avoient été dénoncés et arrêtés. C'étoient Gouy, son concierge, Pétry, Morin, le chirurgien Devray, envers lesquels le farouche *ami de Marat* se vantoit d'avoir exécuté la loi avec « une fermeté républicaine ».

« Que vous dirai-je? Après avoir fait dénoncer par son club trois membres du département, Lavalerie en tête, après avoir fait une nouvelle pétition au comité de sûreté générale, après être parvenu à se procurer un état montant à six millions payés par Beaujon à madame Du Barry, dans le temps de sa faveur, le sans-culotte Greive obtint enfin du comité de Versailles l'ordre d'arrêter la comtesse. Ce fut le 22 septembre que cet ordre reçut son exécution. Pour mieux narguer sa victime, Greive ayant trouvé près de Marly le cabriolet du chevalier d'Escourt, y monta seul avec la comtesse, en ordonnant aux gendarmes de suivre dans la voiture qui les avoit amenés. Peut-être cet indomptable anarchiste, ce vertueux sansculotte, cet incorruptible ami de Franklin et de Marat, essaya-t-il de se laisser acheter par la comtesse à certaines conditions inconnues. Madame Du Barry n'essaya pas ou refusa tout accord avec ce monstre, car elle fut enfermée à Sainte-Pélagie. Là, elle se vit obligée d'emprunter deux cent cinquante livres, pour ne pas se voir manquer de tout. Ah! mon ami, quel siècle que le nôtre, où l'on peut avoir de pareilles infortunes! Un roi assassiné juridiquement; une reine, belle, jeune, parée de tous les charmes et de toutes les vertus, languir dans un cachot jusqu'à ce que sa tête tombe sous le couteau des bourreaux ; un roi, un enfant, soumis à la plus affreuse des tortures ; tout ce que la France a vu de noble, de beau, de jeune, devenu la proie d'une populace avide de sang ; une femme, la toute-puissante favorite d'un roi tout-puissant, poursuivie par la haine et la rapacité de ses valets, traînée à l'échafaud, elle dont tout le crime est d'avoir été trop aimée par un roi, et d'avoir trop aimé le plus beau et le plus chevaleresque des gentilshommes !

« Cependant les habitants de Louveciennes adressoient une nouvelle pétition en faveur de madame Du Barry. Cette pauvre comtesse ! Elle était si bonne, si généreuse, si prodigue de bienfaits, si aimée, que toute une commune s'exposait à se voir déclarée *suspecte* pour la sauver ! Ces généreux efforts ne servirent qu'à redoubler la haine de ceux qui enviaient les débris de sa fortune. Le dossier de madame Du Barry avoit été remis à un membre du comité de sûreté générale, appelé Héron. Ce

Héron étoit un ennemi des banquiers de madame Du Barry, les Vandenyver. Le misérable profita de ce rapprochement; il fit arrêter les banquiers hollandois comme complices de la comtesse. Ces honnêtes et loyaux Vandenyver furent perdus pour avoir été les banquiers « de l'Aspasie du Sardanapale français », comme l'a nommée cet odieux Fouquier-Tinville.

« Pour subir son jugement, madame Du Barry fut transférée à la Conciergerie. Par un singulier rapprochement, elle y occupa la chambre de l'infortunée Marie-Antoinette. La République ne distingue ni reines ni favorites : dans tout ce qui a été grand, elle ne voit qu'un ennemi.

« Ce fut le 6 de ce mois que madame Du Barry, le vieux Vandenyver et ses deux fils comparurent devant le tribunal criminel révolutionnaire. Je ne vous dirai rien de l'acte d'accusation dressé par Fouquier-Tinville contre ces quatre victimes vouées d'avance à l'échafaud; je ne vous redirai pas les accusations tour à tour odieuses, ridicules, stupides, haineuses des Greive, des Blache, des Salenave;

ni même celles des Zamore, des Henriette, des Thénot, des Marie Lamault, ces serviteurs de la comtesse, ces monstres d'ingratitude qui payoient leurs dettes de reconnaissance avec la mort de leur bienfaitrice.

« Le lendemain, 7 décembre, on rendit l'arrêt, après une délibération de cinq quarts d'heure. Le voici, tel qu'il a été vendu dans les rues :

« Le tribunal, d'après la déclaration du juré
« de jugement, faite à haute voix, portant :
« qu'il est constant qu'il a été pratiqué des
« machinations et entretenu des intelligences
« avec les ennemis de l'État et leurs agents,
« pour les engager à commettre des hostilités,
« leur indiquer et favoriser les moyens de les
« entreprendre et diriger contre la France,
« notamment en faisant à l'étranger, sous des
« prétextes préparés, divers voyages pour con-
« certer ses plans hostiles avec ses ennemis, en
« leur fournissant, à eux ou à leurs agents, des
« secours en argent;

« Que Jeanne Vaubernier, femme Du Barry,
« demeurant à Luciennes, ci-devant courti-

« sane, est convaincue d'être l'un des auteurs
« ou complices de ces machinations et intelli-
« gences ;

« Que Jean-Baptiste Vandenyver, banquier
« hollandois, domicilié à Paris, Edme-Jean-
« Baptiste Vandenyver, banquier à Paris, et
« Antoine-Augustin Vandenyver, banquier à
« Paris, sont convaincus d'être les complices
« de ces machinations et intelligences ;

« Ouï l'accusateur public en ses conclusions
« sur l'application de la loi ;

« Condamne ladite Jeanne Vaubernier,
« femme Du Barry, lesdits Jean-Baptiste Van-
« denyver, Edme-Jean-Baptiste Vandenyver et
« Antoine-Augustin Vandenyver à la peine de
« mort, conformément à l'article premier de
« la première section du titre premier de la
« deuxième partie du code pénal.

« Déclare les biens desdits femme Du Barry,
« Jean-Baptiste-Edme et Augustin Vandeny-
« ver acquis au profit de la République, con-
« formément à l'article 11 du titre II de la loi
« du 10 mars 1793 ;

« Ordonne qu'à la diligence de l'accusateur

« public le présent jugement sera exécuté dans
« les vingt-quatre heures sur la place de la Ré-
« volution de cette ville, imprimé et affiché
« dans toute la République. »

« A la lecture de ce jugement madame Du Barry s'évanouit. Jusqu'alors la pauvre comtesse s'étoit imaginé que la Révolution n'en vouloit qu'à ses biens : pourquoi auroit-elle cru que la République vouloit sa mort ? Cette pensée de la mort la rendit folle. Jamais jusqu'au dernier moment elle ne put se figurer que sa vie pût appartenir à la République. Aussi, le lendemain matin, le matin de son supplice, elle doute, elle espère, elle croit encore que c'est seulement à sa fortune qu'on en veut. Elle déclare tout ce qu'elle possède, les objets précieux qu'elle a enterrés, ceux qu'elle a cachés. Elle entraîne dans sa chute, sans le vouloir, ses fidèles dépositaires : Morin son jardinier, la femme Deliant et Montrouy. Déjà elle avoit, dans son procès, été la cause involontaire de la perte du chevalier d'Escourt, qui avoit déclaré avoir touché deux cent mille livres des Vandenyver pour les remettre à M. de Rohan-

Chabot. Il fallut toutes les hontes, toutes les expiations et toutes les amertumes à cette femme qui n'avait été coupable que de foiblesse. La peur de la mort la fit dénonciatrice sans qu'elle pût se sauver; l'approche du supplice la fit si gémissante, si pitoyable, que le peuple s'émut à la voir, elle qu'on avait connue si joyeuse, si insouciante, si folle jadis, mais si détestée aujourd'hui.

« Avant-hier, dimanche, 8 décembre ou 18 frimaire an II, comme disent les bourreaux dans leur nouvelle manière de compter leurs jours sanglants, trois charrettes et dix-huit victimes sortirent à quatre heures de la Conciergerie. Dans la seconde étoient un Vendéen trahi, un officier et un conventionnel, condamnés par l'envie, les trois Vandenyver et madame Du Barry. Le Vendéen prioit, les trois banquiers hollandois sourioient à la foule, l'officier demandoit un pistolet, le représentant consoloit les autres. Seule, madame Du Barry ne voyoit rien, n'entendoit rien, ne songeoit à rien, ne demandoit rien. Les chevaux alloient vite, car le représentant proscrit et la comtesse honnie faisoient scandale, et vous savez que Fouquier-Tinville ne veut pas que ses assassinats fassent scandale. Je suivois les charrettes. Quand elles passèrent près de la barrière des Sergents, je vis sur un balcon toutes les ouvrières d'une maison de modes qui se montroient la comtesse : cette maison, c'étoit celle du successeur de Labille, où jadis avoit travaillé madame Du Barry. Les amies des tricoteuses jetèrent en passant de grossières invectives aux jeunes modistes qui saluoient cette grande infortune. Le bruit des voix enrouées de la populace réveilla madame Du Barry, elle leva les yeux et vit ces jeunes filles qui s'inclinoient devant elle et que le peuple menaçoit. Elle vit aussi l'enseigne : *Bertin, successeur de Labille.* Elle jeta un grand cri, ses yeux s'inondèrent de larmes, et jusqu'au dernier moment elle ne fit plus que sangloter et crier. Le peuple lui-même, ce peuple habitué aux boucheries, parut s'émouvoir aux cris de la victime. Quelques-uns autour de moi murmurèrent : « Ce n'est pas un criminel d'État qui va mourir, c'est une femme qu'on égorge ! » Hélas ! à quatre heures et demie, madame Du Barry montoit l'escalier humide de sang de la guillotine. Je l'entendis crier : « A moi ! à moi ! » Je détournai les yeux...

« On a prétendu qu'elle a dit aussi : *Grâce, monsieur le bourreau, encore un moment !* comme si le bourreau attendoit jamais ! Mais je ne l'ai pas entendu. »

*
* *

Si cette lettre est apocryphe, elle est écrite à coup sûr par un historien bien renseigné, comme M. Cantrel et MM. de Goncourt. Le premier a étudié de très près cette figure de madame Du Barry. Dans son livre, *les Nouvelles à la main*, il avait, à n'en pas douter, feuilleté notre *Gazette d'un Curieux*. Plus d'une page de lui vaut d'être citée :

« Il y a, au Louvre, une aquarelle de Moreau représentant un grand dîner au pavillon de Luciennes : je renvoie à cette aquarelle ceux qui voudront voir cette belle salle à manger, toute ruisselante de lumières, toute peuplée de grands cordons bleus et de femmes en habits de gala. Un monde de grands valets, les uns en livrée jaune-paille, les autres en habit de velours cramoisi, aux parements, au col et aux poignets bleus, aux retroussis blancs sur des guêtres blanches, tricorne en tête et l'épée au côté, va, vient au mileu des curieux admis à contempler le souper. Ceux-ci servent les convives, ceux-là apportent les mets sur des plats signés Rœttiers. Quatre tribunes, ordinairement occupées par la musique de madame Du Barry, — car la favorite avait sa musique, de même qu'elle avait son aumônier, — sont remplies de femmes accoudées sur les balcons. Il n'est pas jusqu'à ce petit singe de Zamore qu'on ne retrouve dans l'aquarelle de Moreau. Il est tout rayonnant, ce négrillon, avec son turban à plumes, son collier d'or, ses boucles d'oreilles, — deux perles énormes, — sa veste et sa culotte de soie rose ! Je ne sais même pas si l'on ne voit point quelque part la fameuse perruche couleur feu que madame Du Barry paya d'une croix de Saint-Louis à un Dabbadie, dont ce fut la seule conquête maritime.

« Si la cage était féeriquement somptueuse, l'oiseau s'en montrait digne. Rien de merveilleux comme les comptes de fournitures faites à madame Du Barry. La favorite s'occupa bien plus, quoi qu'on en ait dit, de ses robes et de ses coiffures que des jésuites et des parlements. Se faire belle, plaire au roi et jeter l'argent du royaume par les vingt fenêtres de Luciennes, ce fut sa plus grande affaire. »

N'est-ce pas que cette page est bien dans le joli du style de la dame ? Il ne faut pas peindre à fresque quand on n'a qu'un dessus de porte à égayer par sa palette, fût-elle éclatante.

.˙.

Il y a des historiens, il n'y a point d'histoire ; ouvrez le *Dictionnaire Bouillet*, une autorité pour ceux qui n'ont pas le temps de faire des fouilles, il vous dira l'histoire de la Du Barry en quinze lignes, mais, dans ces quinze lignes, il y aura quinze erreurs :

1º Le dictionnaire ne donne pas la date de la naissance ;

2º Le père de la Du Barry n'était pas commis aux barrières; mais receveur des deniers publics, « intéressé dans les affaires du roi; »

3º Sans donner la date de la naissance, le dictionnaire dit qu'elle est née en 1744; c'est en 1746;

4º Ce n'est pas en 1769, mais en 1768, qu'elle fut présentée à Louis XV;

5º Son mari ne s'appelait pas Jean Du Barry, mais Guillaume Du Barry;

6º « A la mort du roi, elle se retira de la cour, dit le dictionnaire. » Il aurait dû dire qu'elle fut exilée de la cour;

7º « Elle vécut ignorée jusqu'à la Révolution. » — Or, jamais femme ne fit tant de bruit que madame Du Barry à Luciennes, où elle avait encore une cour.

8º Le dictionnaire continue : « Elle fit courir le bruit qu'on lui avait volé ses diamants. » — Or, ce n'était pas un bruit qu'elle faisait courir, on les lui avait bien volés. En effet, un de ses dénonciateurs au tribunal révolutionnaire, le nommé Grelle, fut arrêté et condamné comme un des voleurs des diamants.

9º « Elle porta ses diamants en Angleterre pour secourir les émigrés. » — Puisqu'on les lui avait volés, elle ne pouvait pas les porter en Angleterre.

10º « Le vieux roi, frappé de sa beauté. » — Madame Du Barry était tout au plus jolie. Le roi ne put être frappé que de son enjouement, de son air provoquant, de sa bouche libertine.

Mais je m'arrête pour ne pas contrôler pièce à pièce la petite monnaie de l'histoire. Jal, a dit son mot :

***

NAISSANCE

« Jeanne, fille de Jean-Jacques Gomard de
« Vaubernier et d'Anne Bécu, dite Quantiny,
« naquit le 19 août 1746, et fut baptisée le
« même jour à Saint-Laurent de Vaucouleurs. »

MORT

« Du 18 frimaire, l'an deuxième de la Repu-
« blique française, une et indivisible (8 dé-
« cembre 1793), les nommés Jeanne Vau-
« bernier, femme du Barry, Jean-Baptiste Van-
« denyver, Edme-Jean-Baptiste Vandenyver
« et Antoine-Augustin Vandenyver, écroués cy
« contre, ont été extraits dans la maison de
« céans en vertu du jugement rendu par le
« tribunal révolutionnaire, en date du jour
« d'hier, lesquels ont subi la peine de mort sur
« la place de la Révolution, en présence de
« nous, huissier audiencier dudit tribunal sous-
« signé. »

MARIAGE

CONTRAT

« Pardevant les conseillers du roi, notaires
« au Châtelet de Paris, furent présents :
« Haut et puissant seigneur messire Guil-
« laume Du Barry, comte Du Barry, chevalier,
« capitaine des troupes détachées de la marine,

« demeurant à Paris, rue Neuve-des-Petits-
« Champs, paroisse Saint-Roch, majeur, fils
« de défunt messire Antoine comte du Barry,
« chevalier de l'ordre royal et militaire de
« Saint-Louis, et de la dame Catherine Dela-
« caze. »

ACTE

Furent mariés : messire Guillaume, comte
du Barry, âgé de 36 ans, de la paroisse
« Saint-Eustache, capitaine dans les troupes
« détachées de la marine, fils majeur de dé-
« funt Antoine Du Barry, ancien capitaine
« dans le régiment de l'Isle-Adam, chevalier de
« l'ordre royal et militaire de Saint-Louis, et
« de la dame Catherine-Martin-Cécile-Thérèse
« de La Caze. Et demoiselle Jeanne Gomard de
« Vaubernier, âgée de 22 ans, demeurant de
« fait et de droit, depuis plus d'un an, rue du
« Ponceau, paroisse Saint-Laurent, fille de
« défunt Jean-Jacques de Vaubernier, intéressé
« dans les affaires du roi, et Anne Bécu, dite
« Quantiny. »

« En présence de :

« Jean-Baptiste-Guillaume-Nicolas Du Barry,
« chevalier, demeurant rue Neuve-des-Petits-
« Champs, paroisse Saint-Roch, frère du futur,
« et de quelques amis des époux.

Il y a deux romans dans la vie de madame Du Barry : le roman de son orgueil et le roman de son cœur, quand elle prend la première place à Versailles, et quand elle aime le duc de Brissac à Luciennes.

J'ai lu les *Nouvelles à la main* où la Du Barry est peinte de face et de profil, en buste et en pied. On voit que l'historiographe l'avait vue poser devant les peintres et les sculpteurs, mais surtout devant Louis XV. C'est un portrait qui parle.

L'historiographe n'est ni un Pétrone, ni un Plutarque, ni un Saint-Simon. C'est un homme de cour barbouillé de tabac d'Espagne et de philosophie courtisanesque, qui dit ce qu'il voit et qui ne voit pas au delà. Mais après tout, plus d'une de ces pages, prise sur le vif, appartient à l'histoire de ce singulier règne qui, dans l'édifice de ce grand siècle, entre Louis XIV et la Révolution, ressemble à une pagode chinoise.

TABLE

LES MAÎTRESSES DE LOUIS XV, par M. Paul de Saint-Victor............ 1

LA DU BARRY, *drame en cinq actes et dix tableaux*, par Arsène Houssaye. 29

HISTOIRE DE LA COMTESSE DU BARRY 41

GAZETTE D'UN CURIEUX,............ 87

   Madame Du Barry à la Cour.
   Le Paradis de Luciennes.
   La Révolution.
   Le Tribunal révolutionnaire.
   La Guillotine.

www.ingramcontent.com/pod-product-compliance
Lightning Source LLC
Chambersburg PA
CBHW071935160426
43198CB00011B/1411